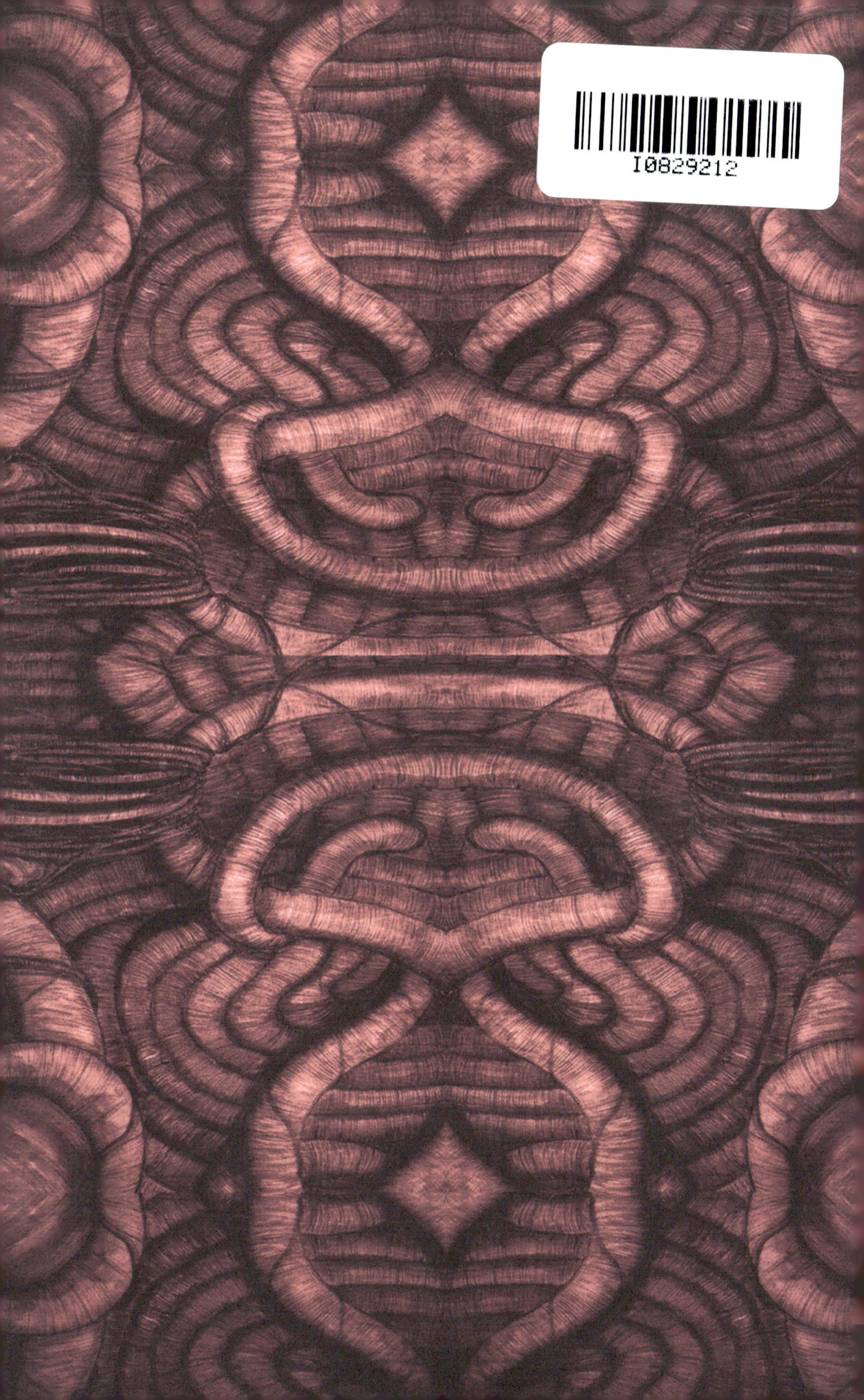

ISBN-13: 978-0-9969279-2-5

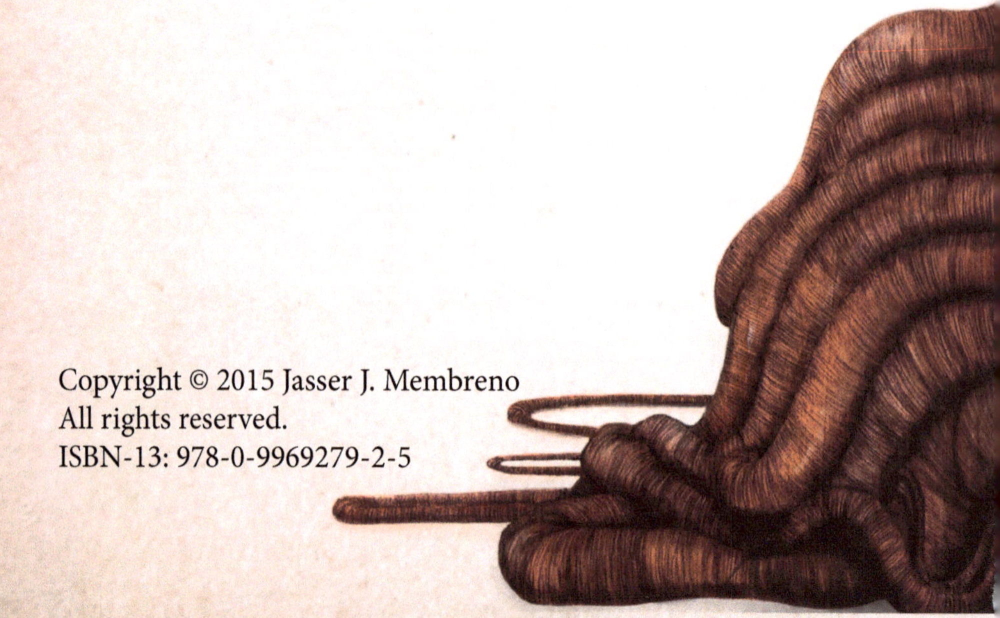

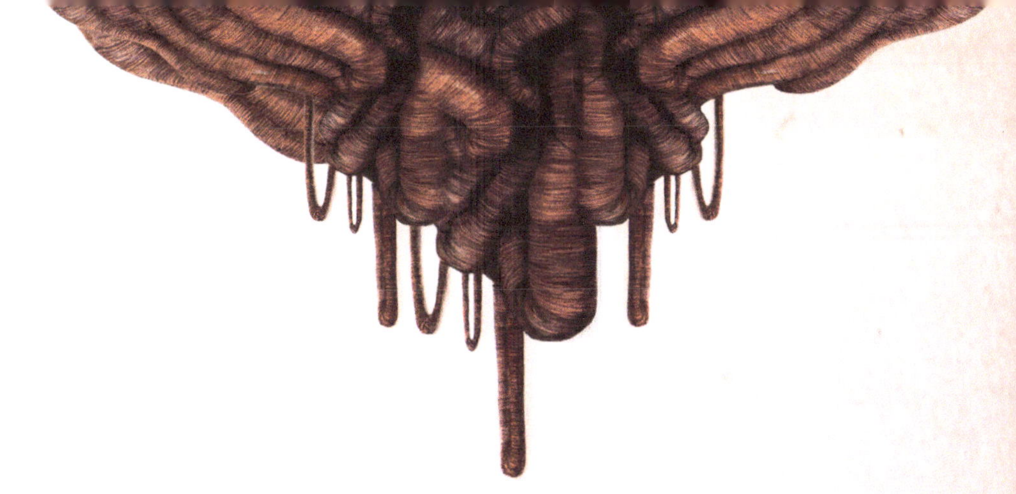

PENSAMIENTOS THOUGHTS

V.1 Part 3

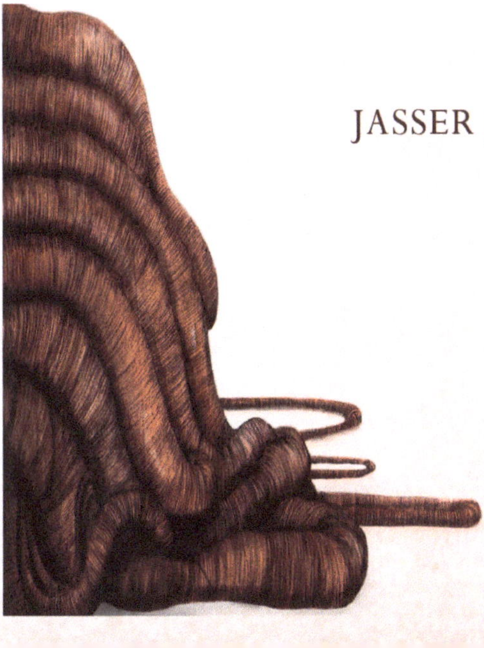

JASSER J. MEMBRENO

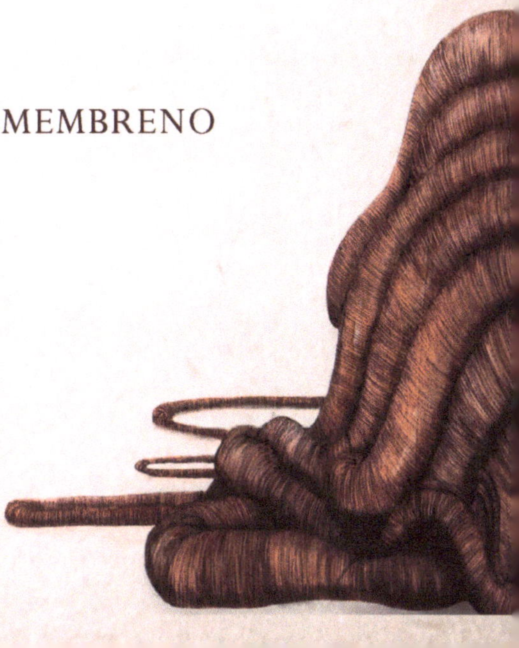

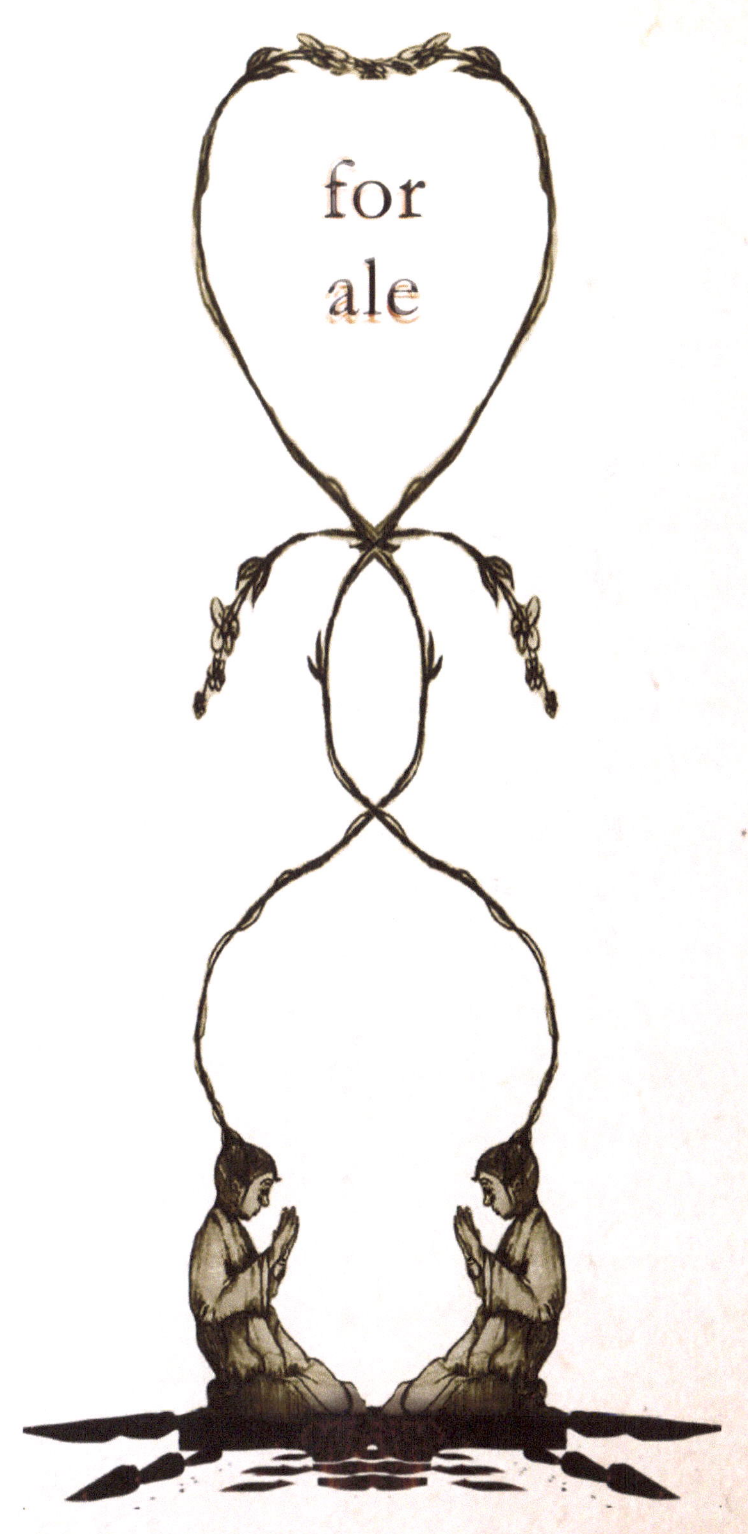

for
ale

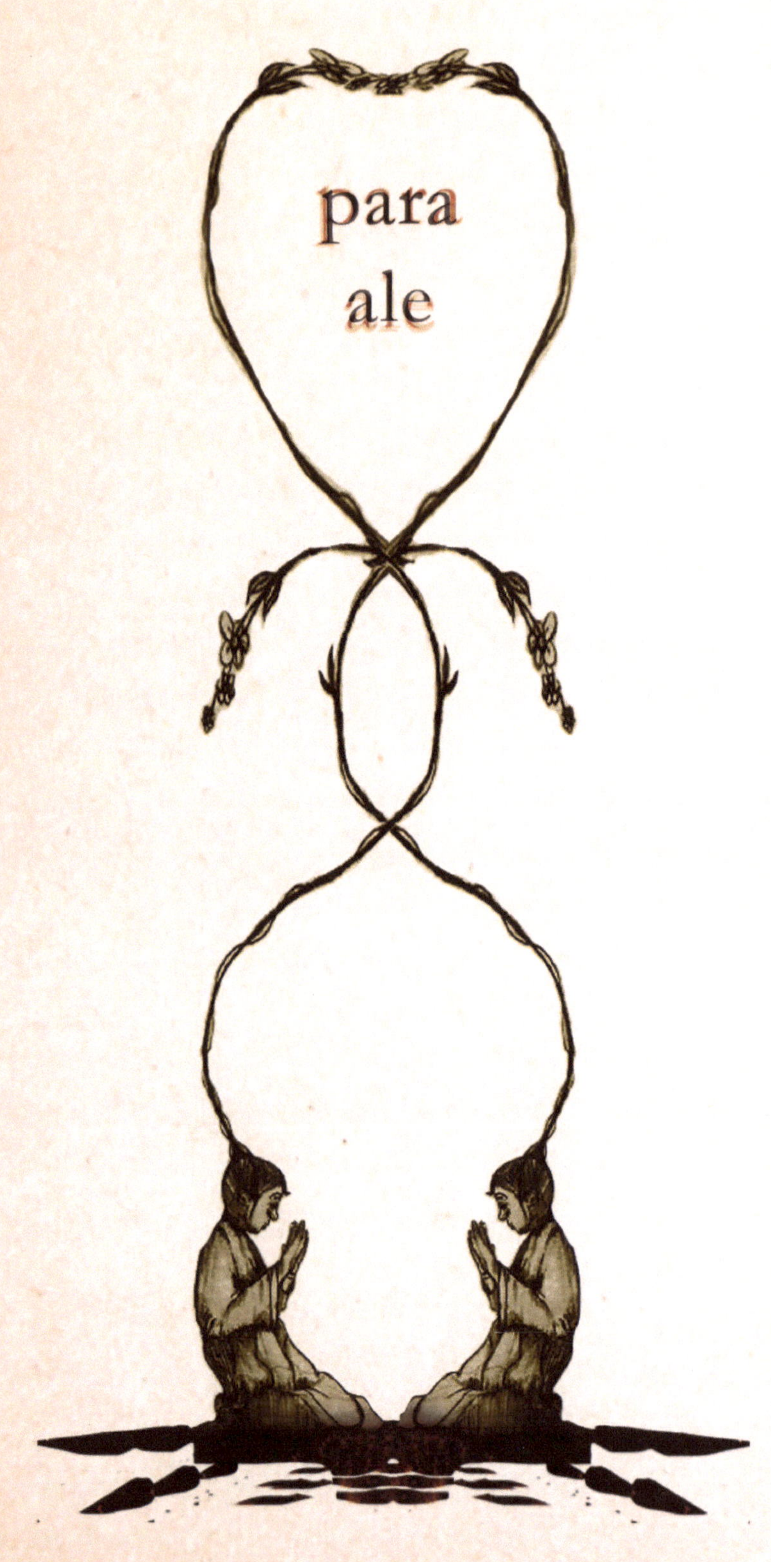
para
ale

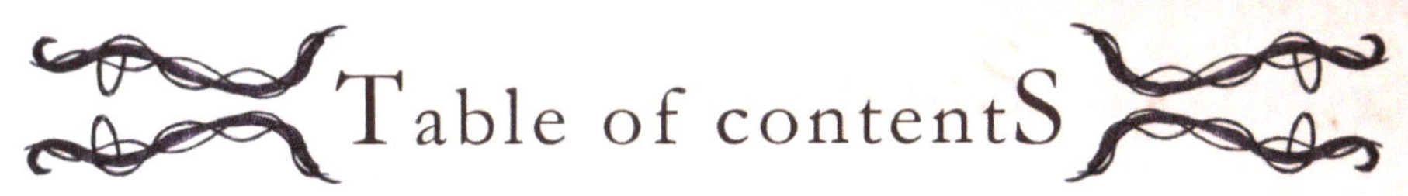

Table of contentS

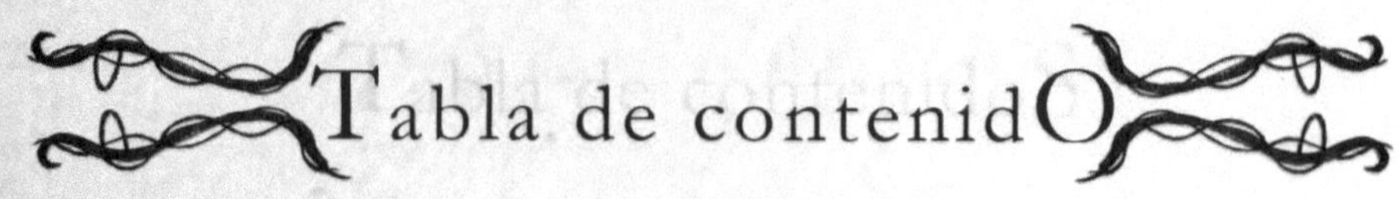

Tabla de contenidO

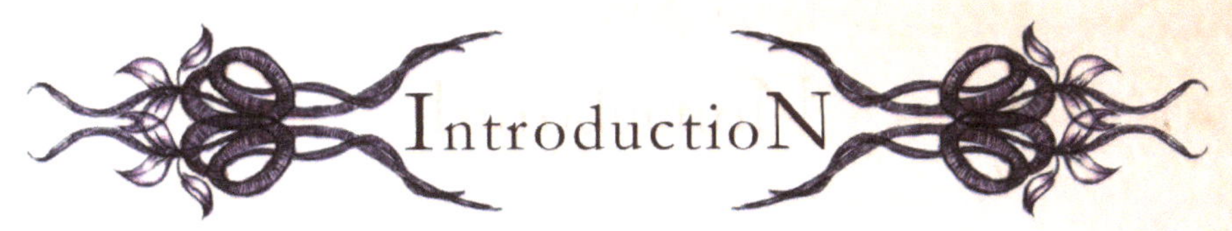

IntroductioN

We are surrounded by images in our daily life as never before. In Jasser Membreno's beautiful book, *Pensamientos,* he relieves our saturation from the dense mundane and lifts us into the heights of human imagination, on a masterful flight to the world of his unique imagery and abstract poetry. It is a journey through his surrealistic narrative without a narrative, with fantastical creatures--reawakening our imagination from the overexposed visual landscape of our bit-filled times to the thrilling recollection of the reality and absurdity of our dream worlds. He reminds us of the vastness of the human mind.

Just like the delightful young wayfarer of the story, on entering this universe you will often find yourself in two places at once, and equally as often in two languages at once. Translated from English into Spanish, laid side by side, Gloria Alvarez has kept the keen sonic sensibility present in Membreno's pointed poetry, at times coy, at times absurd. The ingenuity in text as well as his imagery reveal his deft poetic hand.

Yet throughout the sensual pleasure of its strange images and jarring, mysterious texts, it asks the same questions we have always asked...the exploration; coming-of-age, existential, whimsical, overwrought...We need it.

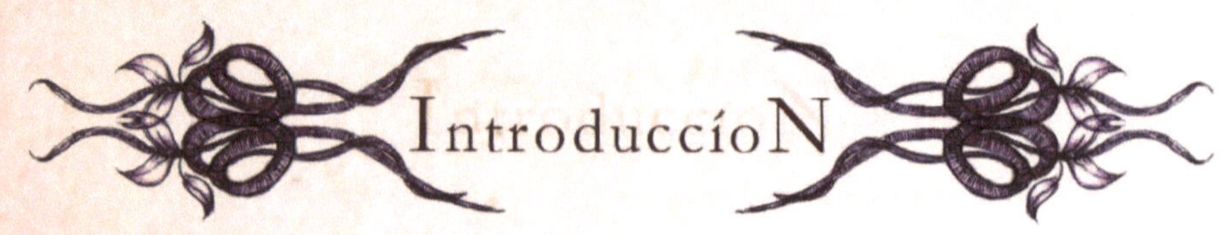

IntroduccíoN

Estamos rodeados de imágenes como nunca antes en nuestra vida diaria. El libro hermoso de Jasser Membreño, *Pensamientos*, alivia nuestra saturación de lo mundano y nos eleva a las alturas de la imaginación humana; un vuelo magistral al mundo de sus imágenes inigualable y poesía abstracta. Es un viaje a través de su narrativa surrealista de criaturas fantásticas--despertando nuestra imaginación superando el paisaje visual sobreexpuesto hacia el recuerdo emocionante de la realidad y lo absurdo de nuestro mundo de suenos. Nos recuerda a la inmensidad de la mente humana.

Al igual que el caminante encantador del cuento, al entrar este universo a menudo se encontrará en dos lugares a la vez e, igualmente tan a menudo, en dos idiomas a la vez. Traducido de Inglés a Español, ambos puesto lado a lado, Gloria Alvarez ha mantenido la sensibilidad sonica presente en la poesía de Jasser Membreño; a veces tímida, a veces absurdo. Lo ingenio en texto, así como las imágenes, demuestran lo habil de su mano poética.

Sin embargo a lo largo de todo el placer sensual de sus extrañas imágenes y textos discordantes y misteriosos, busca contestar eso que siempre hemos preguntado… la exploración; la mayoria de edad, existencial, caprichosa, alterado...lo necesitamos.

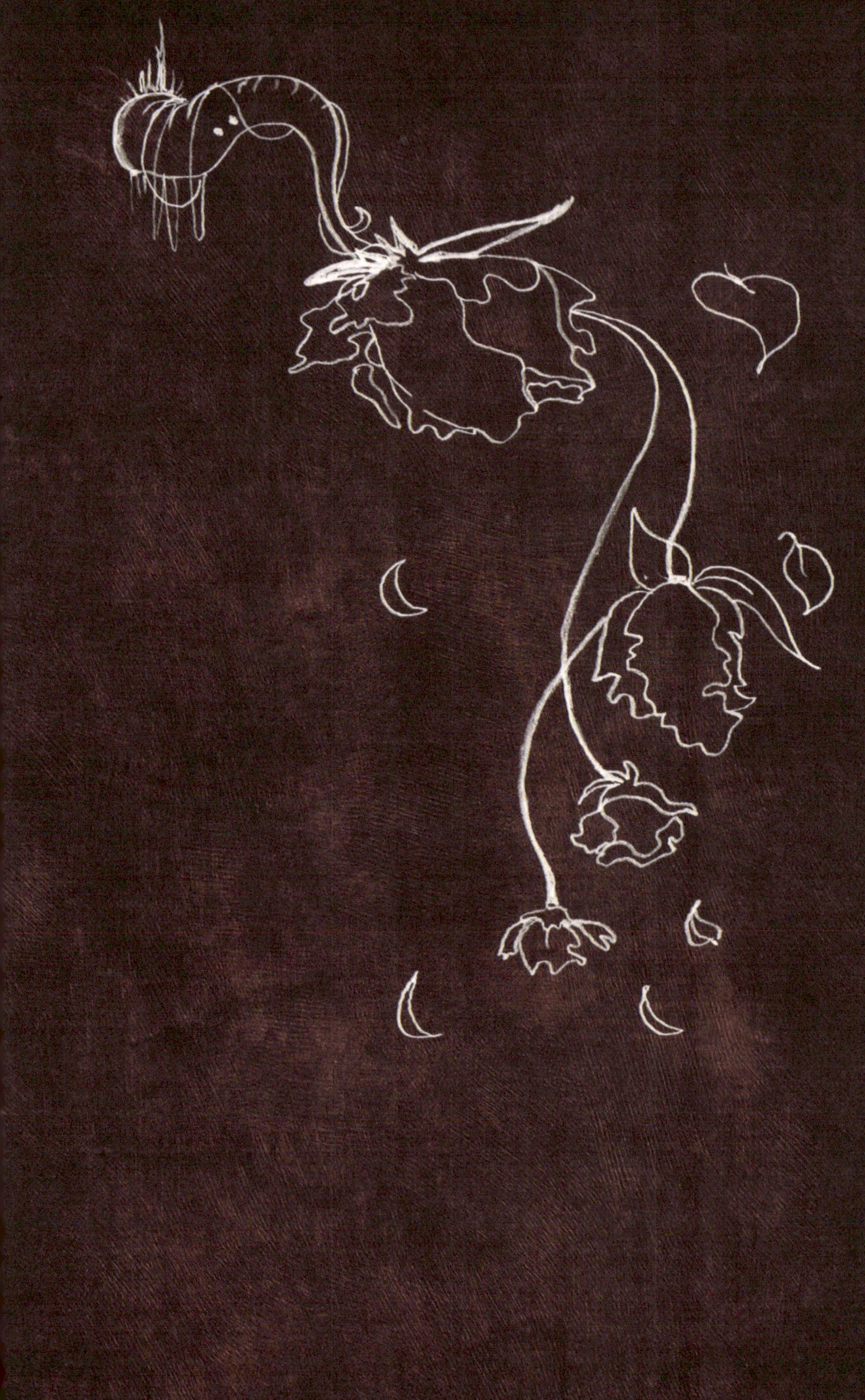

"I try not to paint
a beautiful image..."

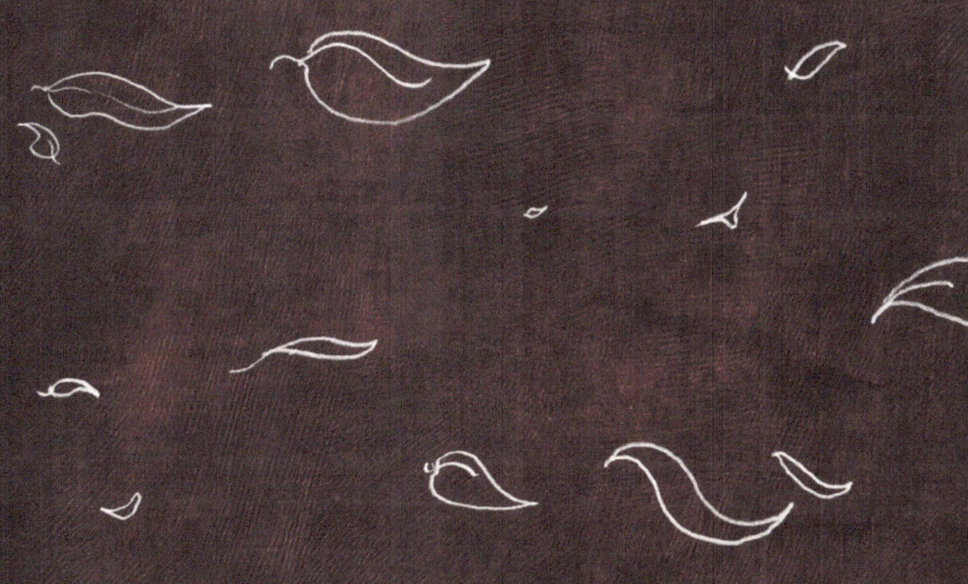

“Trato de no pintar
una imagen hermosa...”

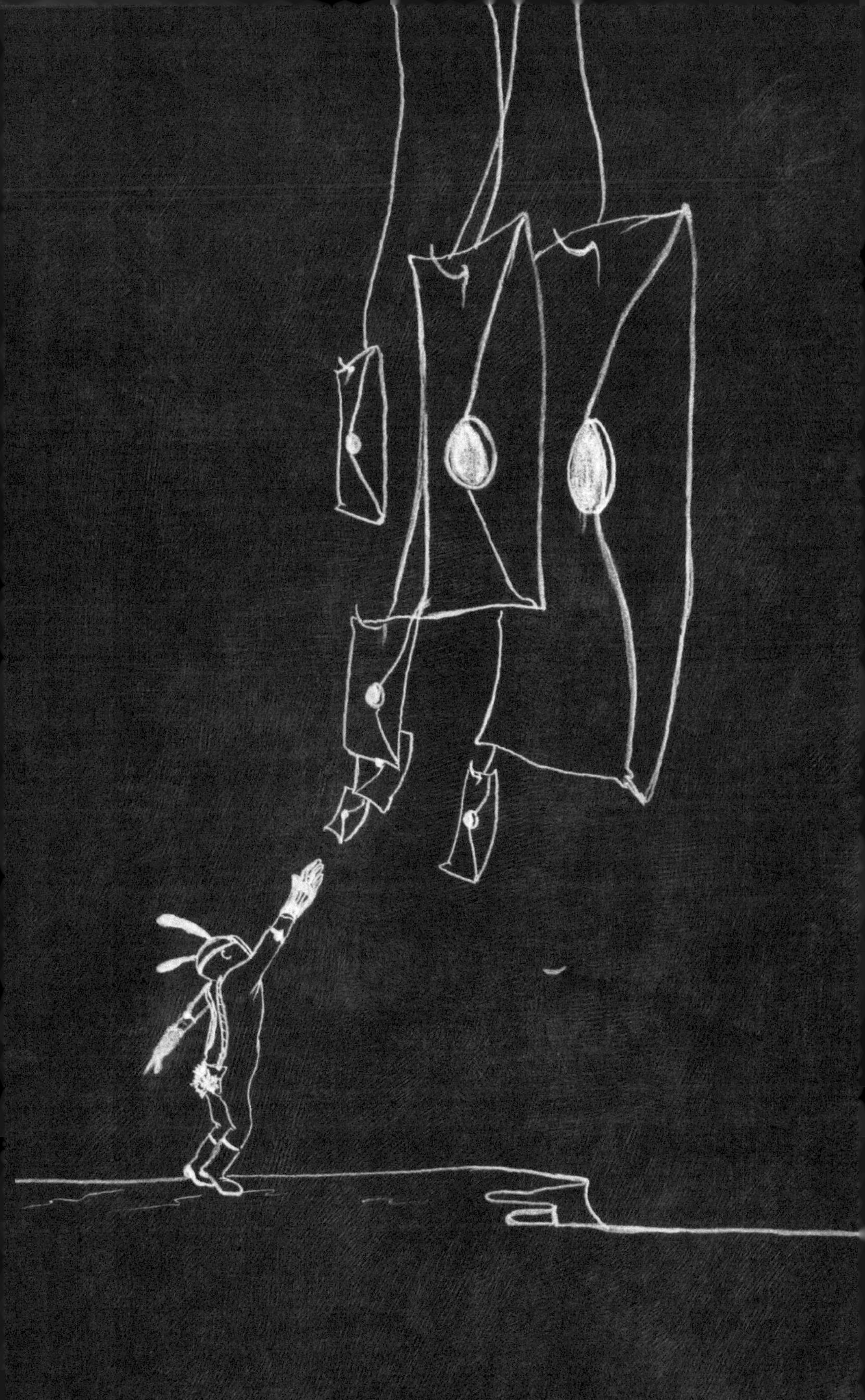

An invitation to enter.

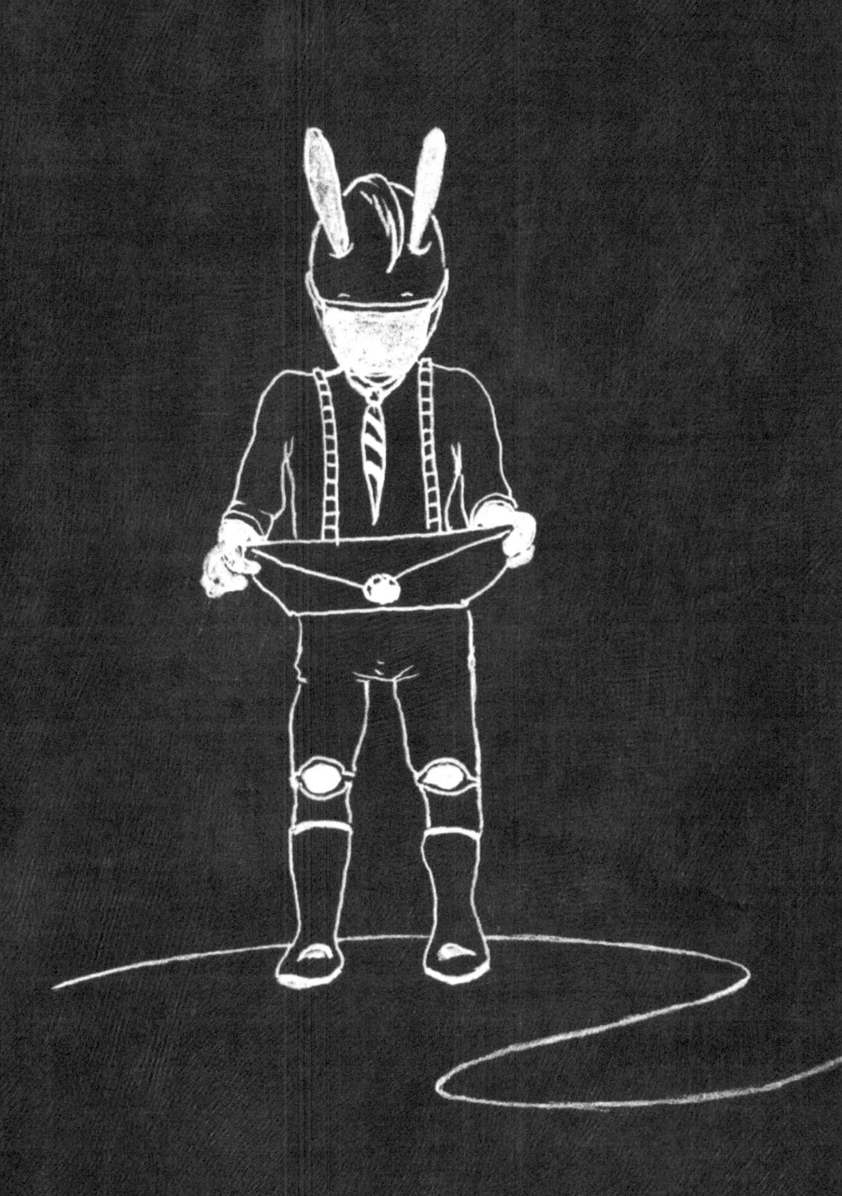

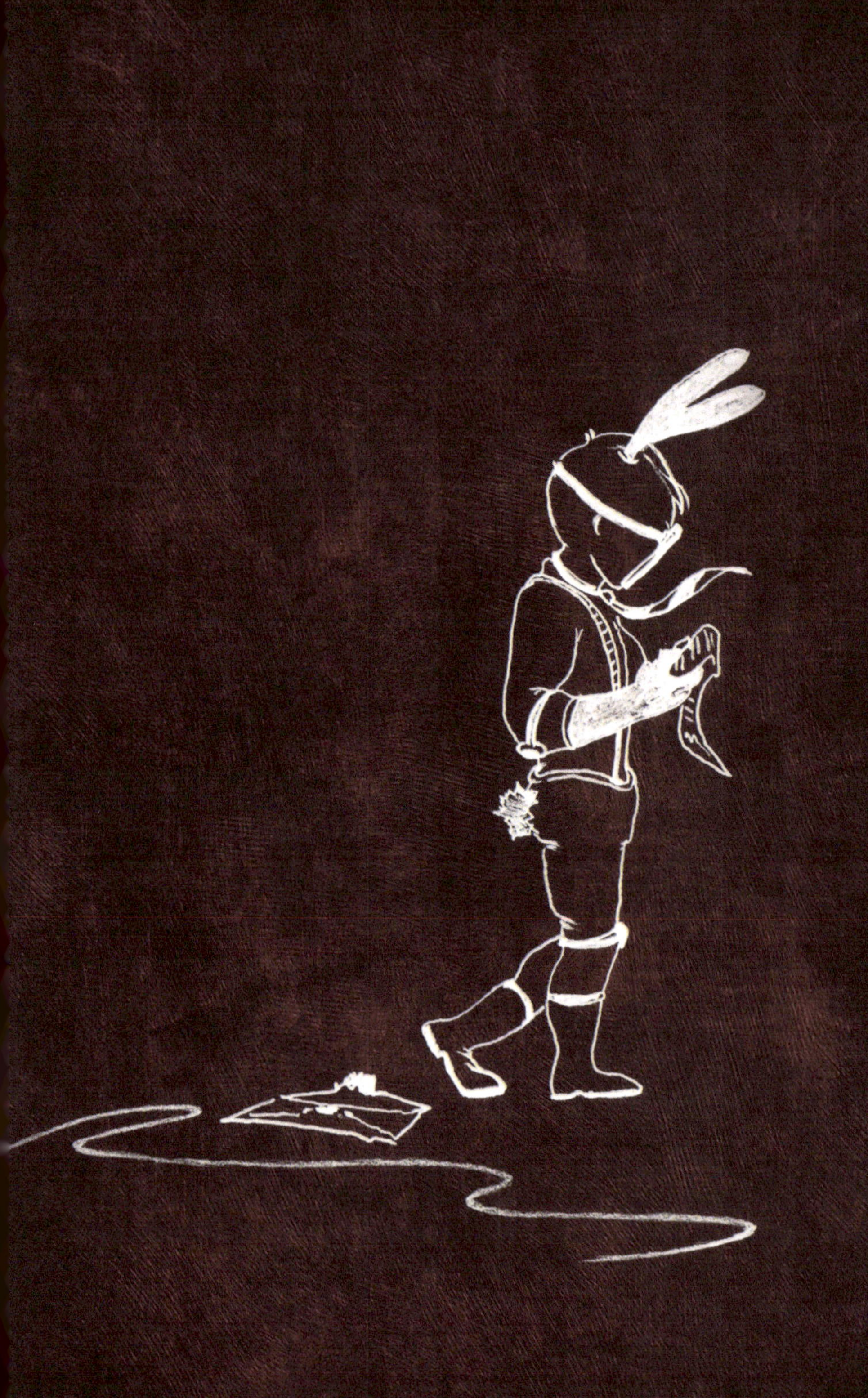

Una invitasion para entrar.

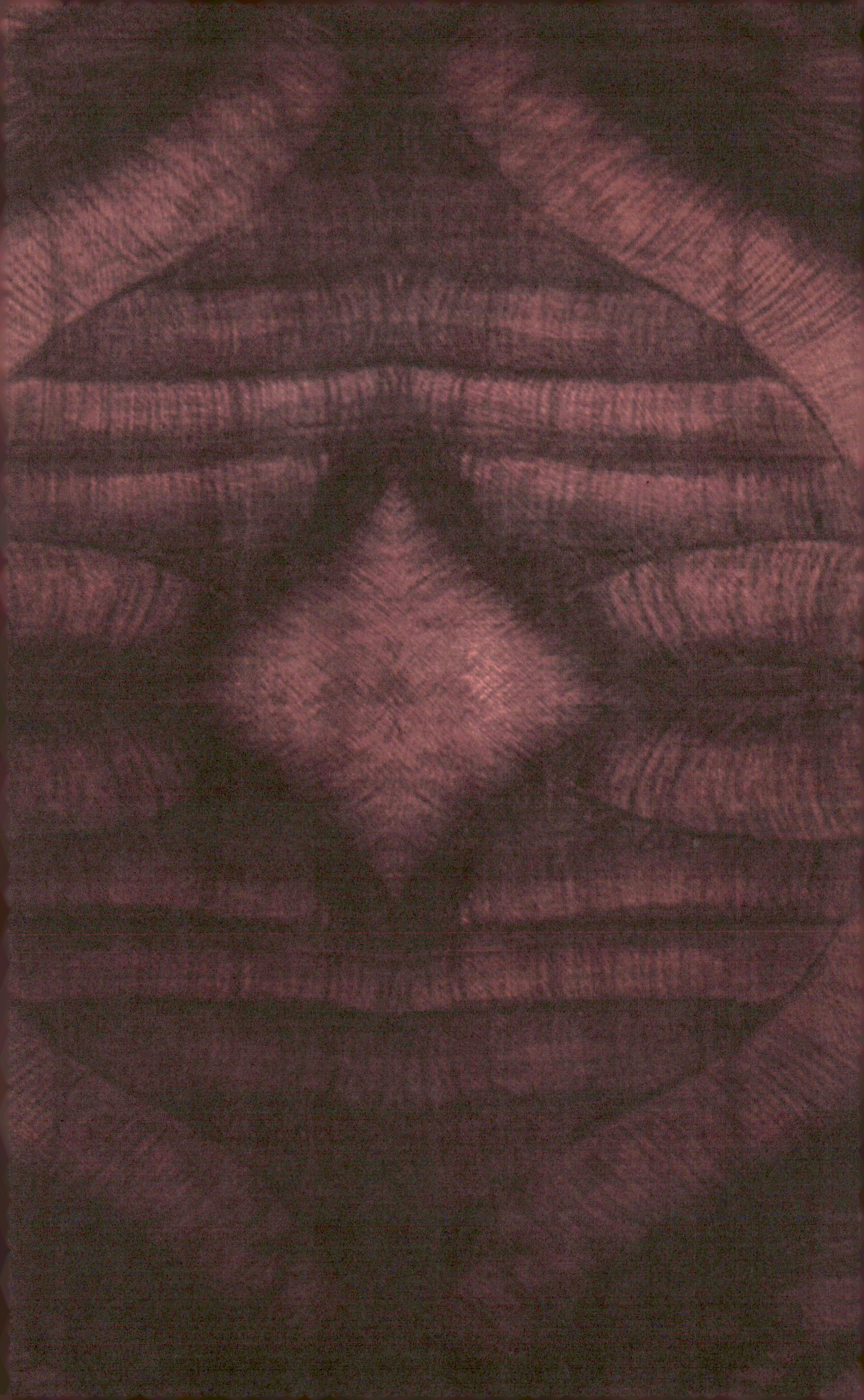

3

The Return

El Regreso

Electric lights

guide the

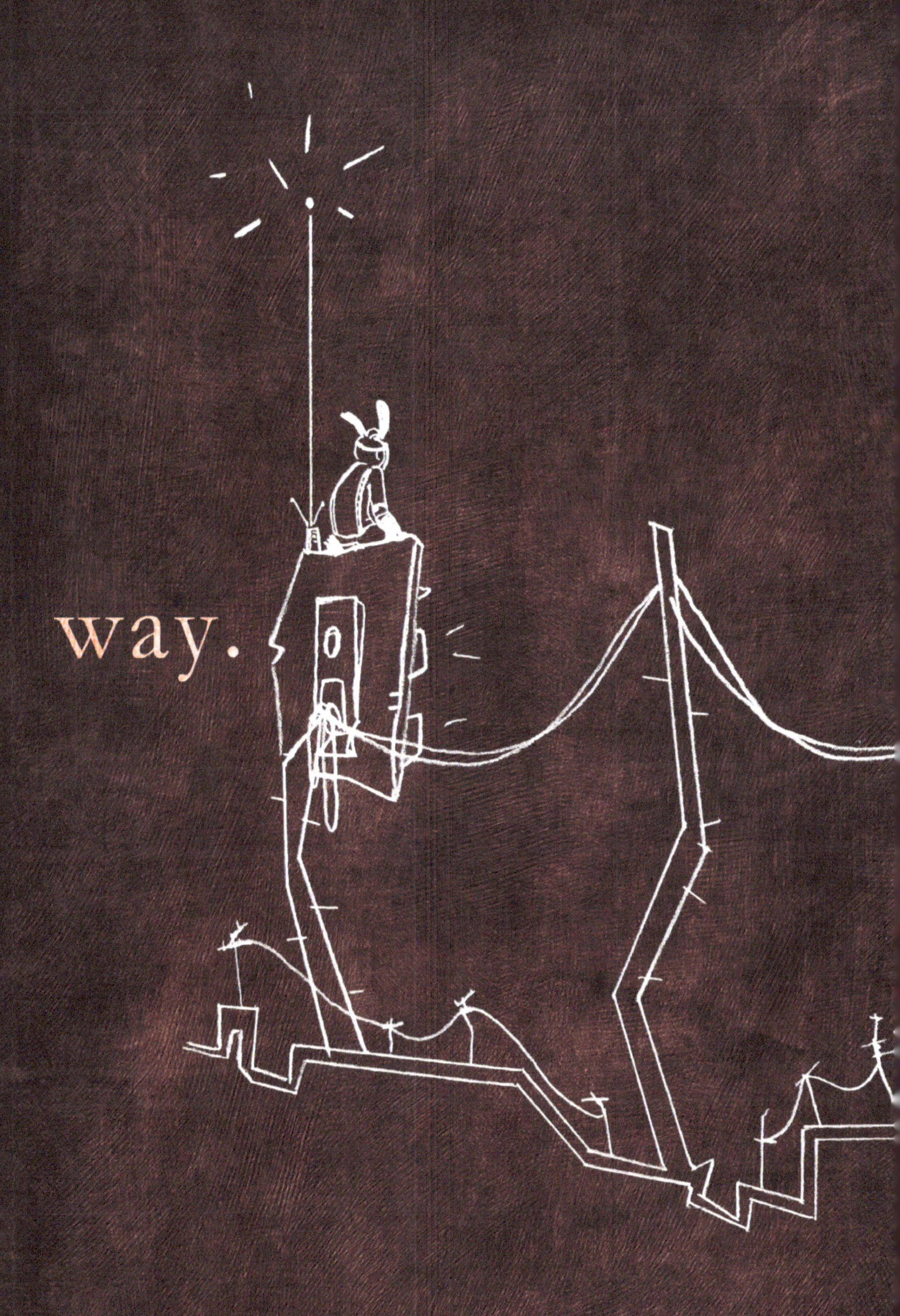

way.

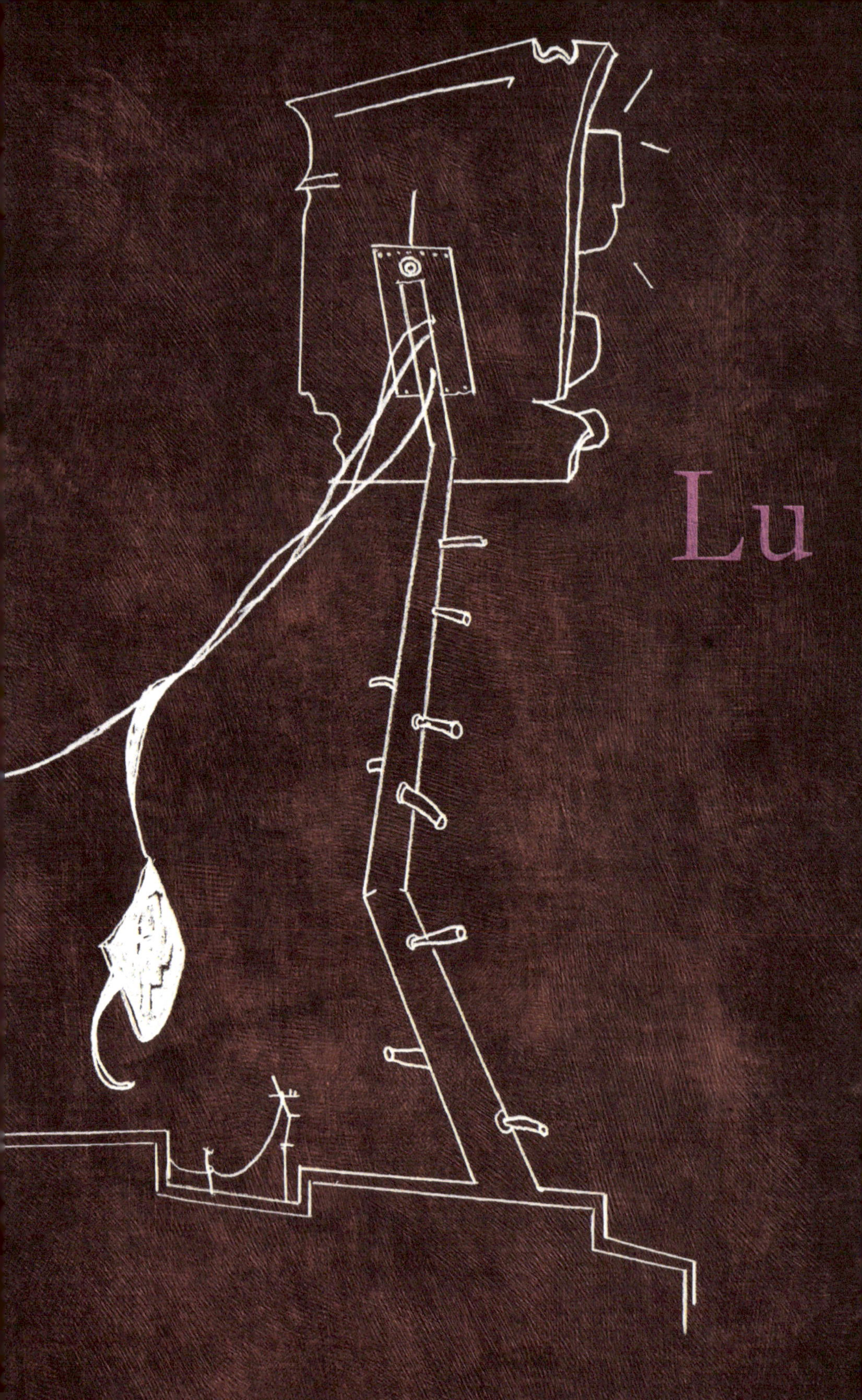
Lu

cés electricas
para guiar el paso.

hazard lightS

Red, yellow, darkness in green lights.

Hold weapon close at hand in case we need to dispose of it quickly.
It starts to stare,
We can feel it coming again.

Lightning forming with no thunder warning,
The days are tightly formed,
The nights scattered in confusion.

Black faces, red eyes, bat-like beings,
"Where are your exit holes?"

Emergency Button.
Hazard Lights.

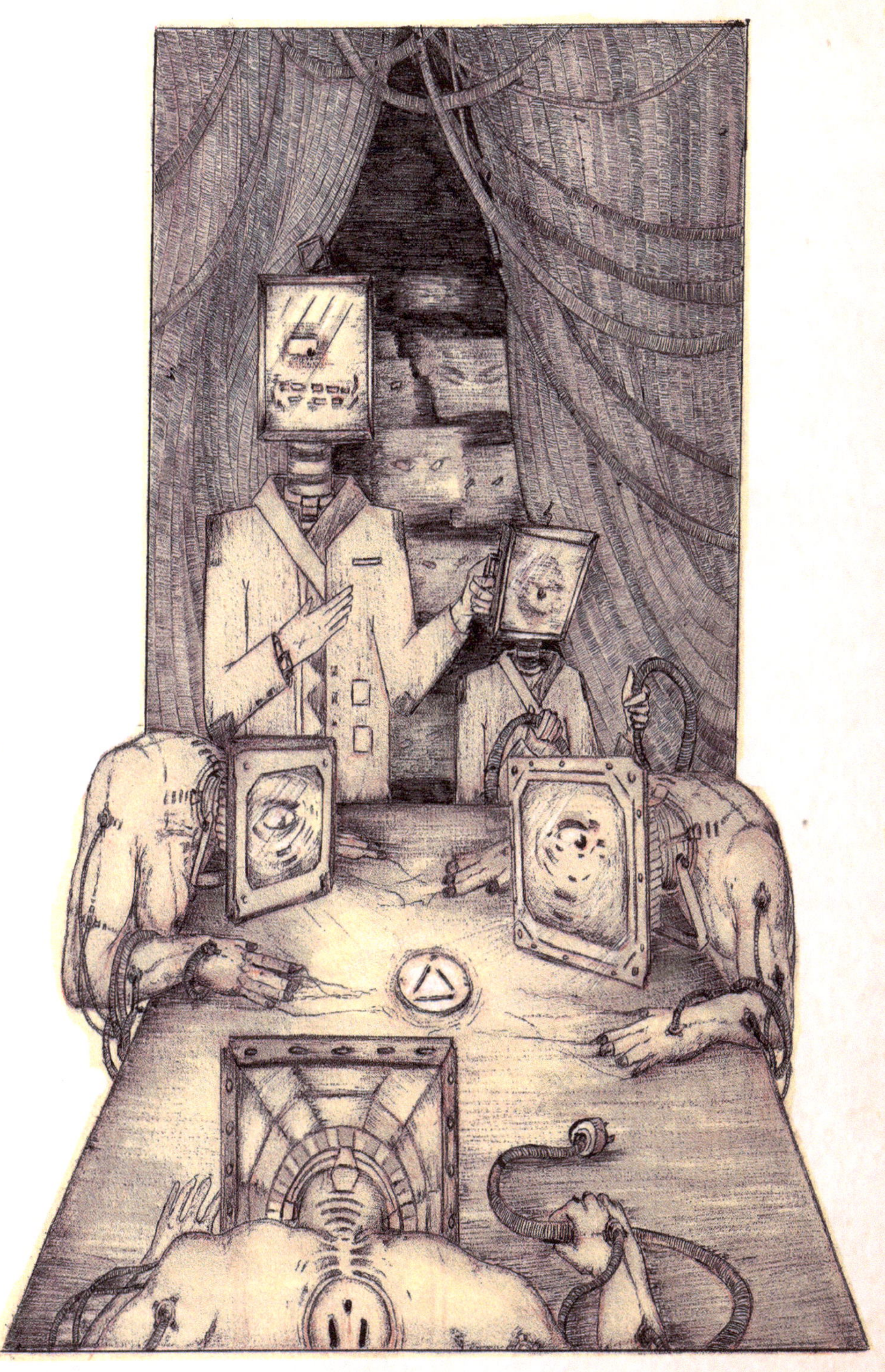

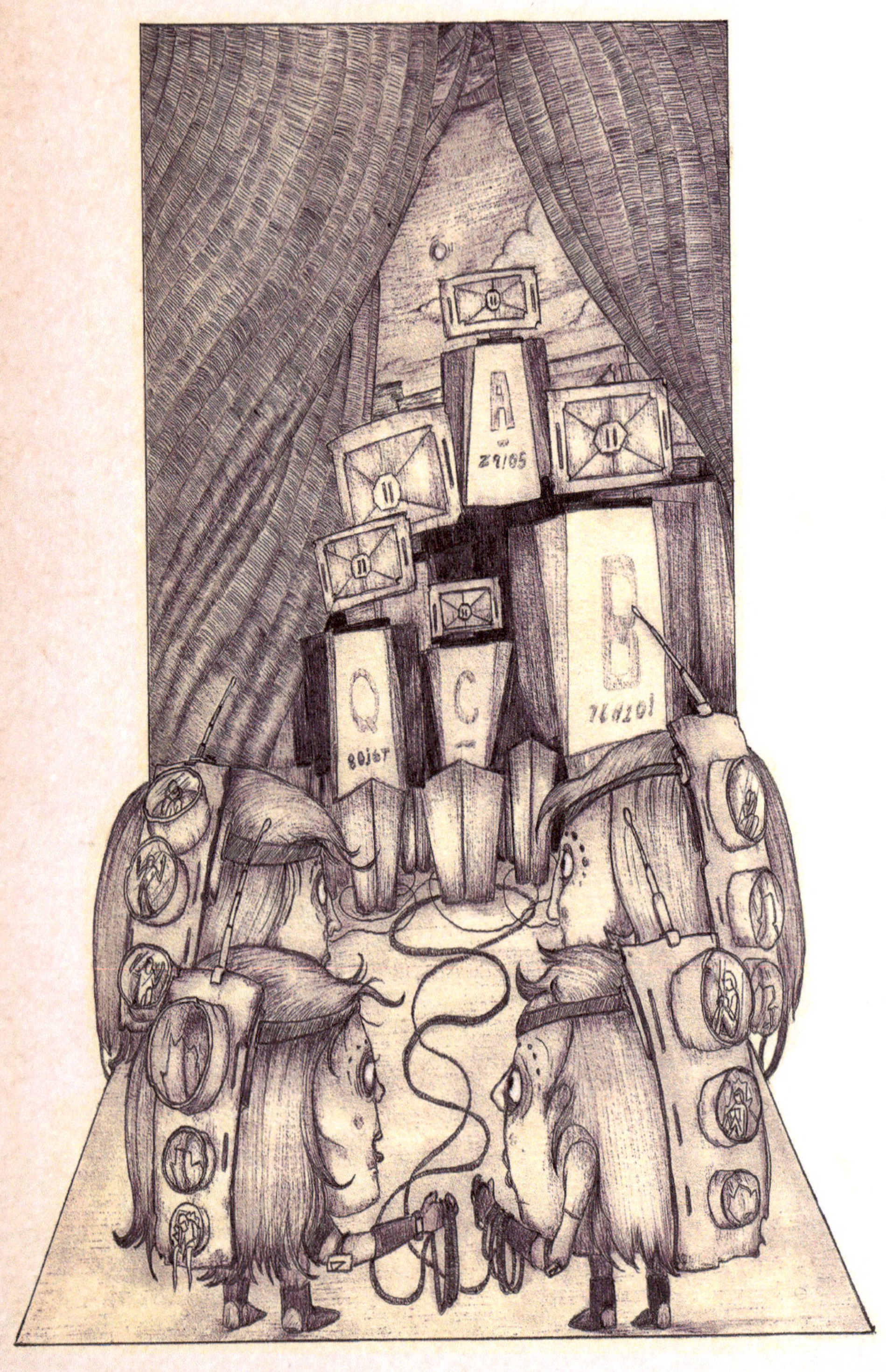
A
Q
C
B

luces de emergencia

Rojo, Amarillo, oscuridad en luces verdes.

Mantener el arma cerca por si hay que desplegar de ella rápidamente.
Empieza su mirada fija,
Sentimos su regreso.

Relámpagos sin aviso de Trueno,
Los días formas condensadas,
Las noches regadas en confusión.

Caras negras, ojos rojos, como entidad murciélagos,
"Donde están tus puertas de escape?"

Botón de Emergencia
Luces de Emergencia.

Electric compulsion

for a

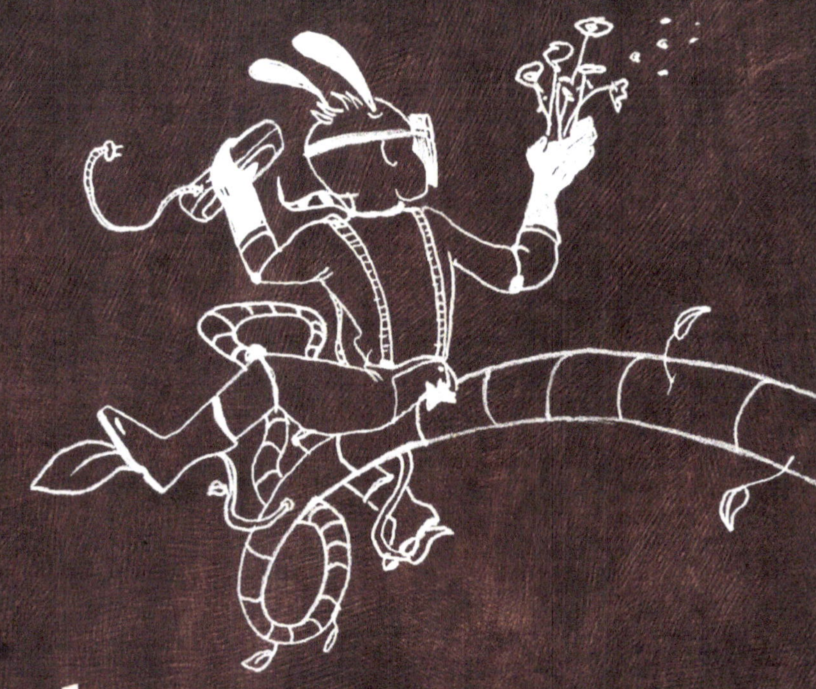

better life.

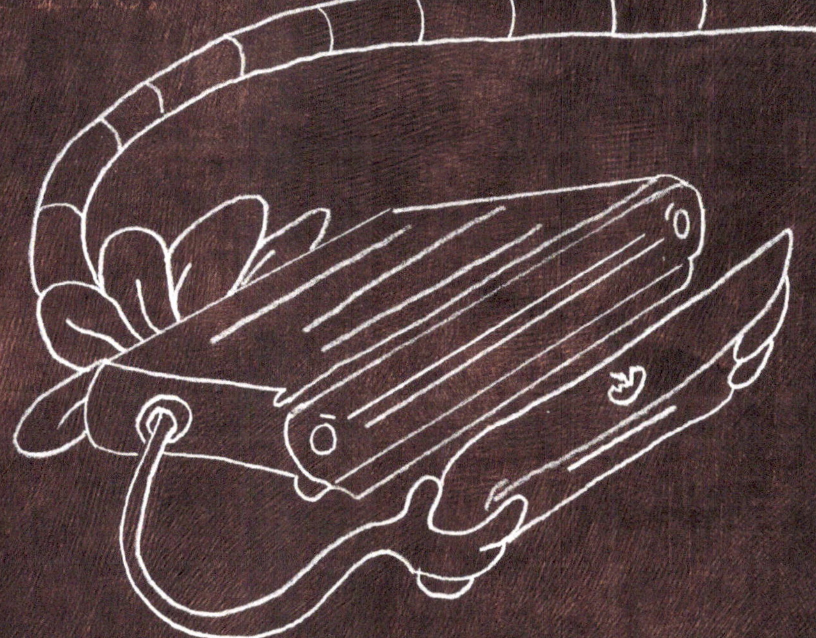

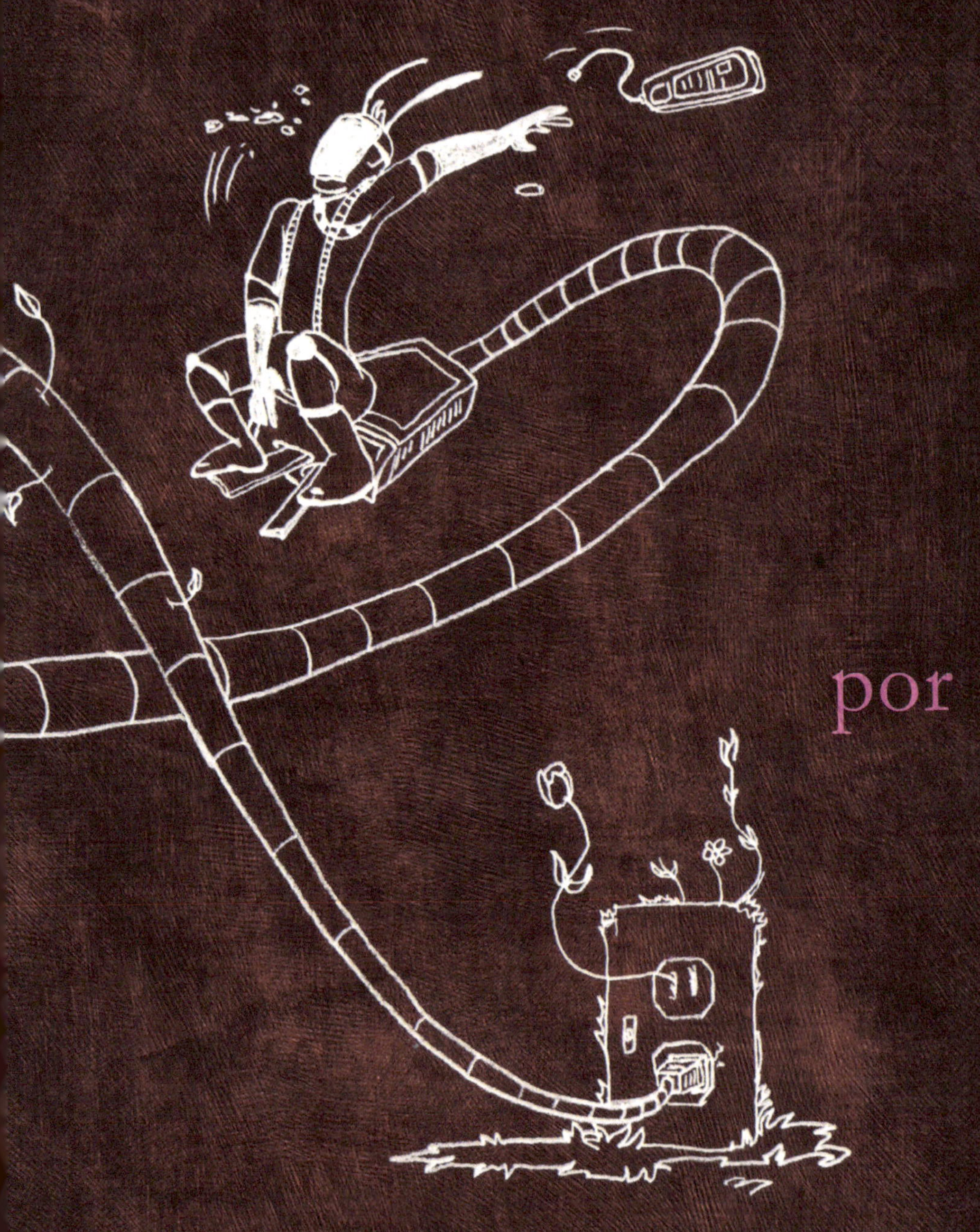

por

Compulsión eléctrica
una Vida mejor.

Western influencE

Washing machines along the riverside, Western Influence No. 1,
Internet café on top of a rainforest, Animal Café,
Animals adapting to technology, Western Influence No. 2,
iPad bible, cyber Jesus, cyber God, cyber Priest.

Roboot Robot Mary…

Scanning for viruses…

Need a new hard disk,
More memory in our heart.

Running speed down in South Central,
USB guns for your holes.

345M2000L,
This is my new name.

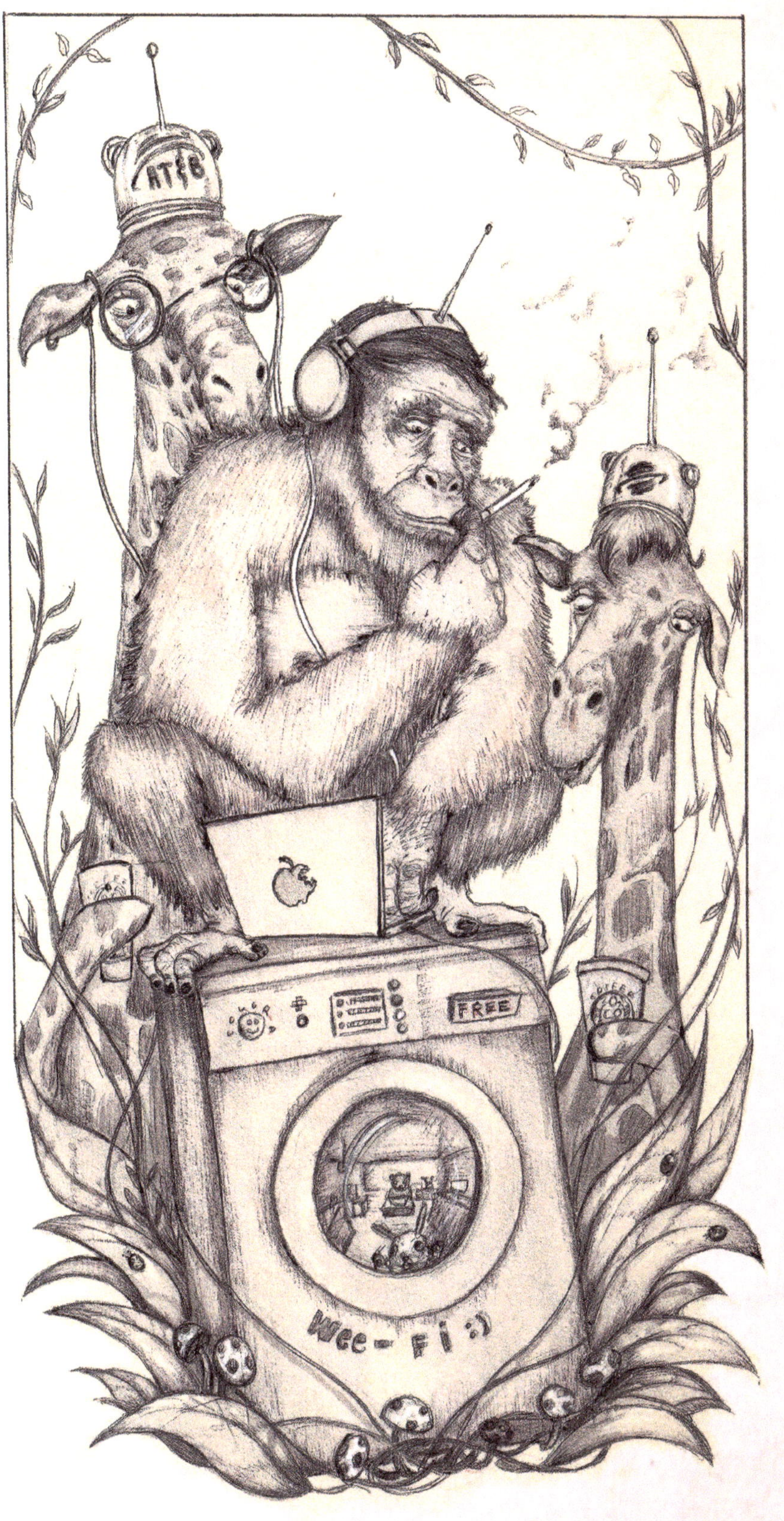
FREE
Wee-Fi :)

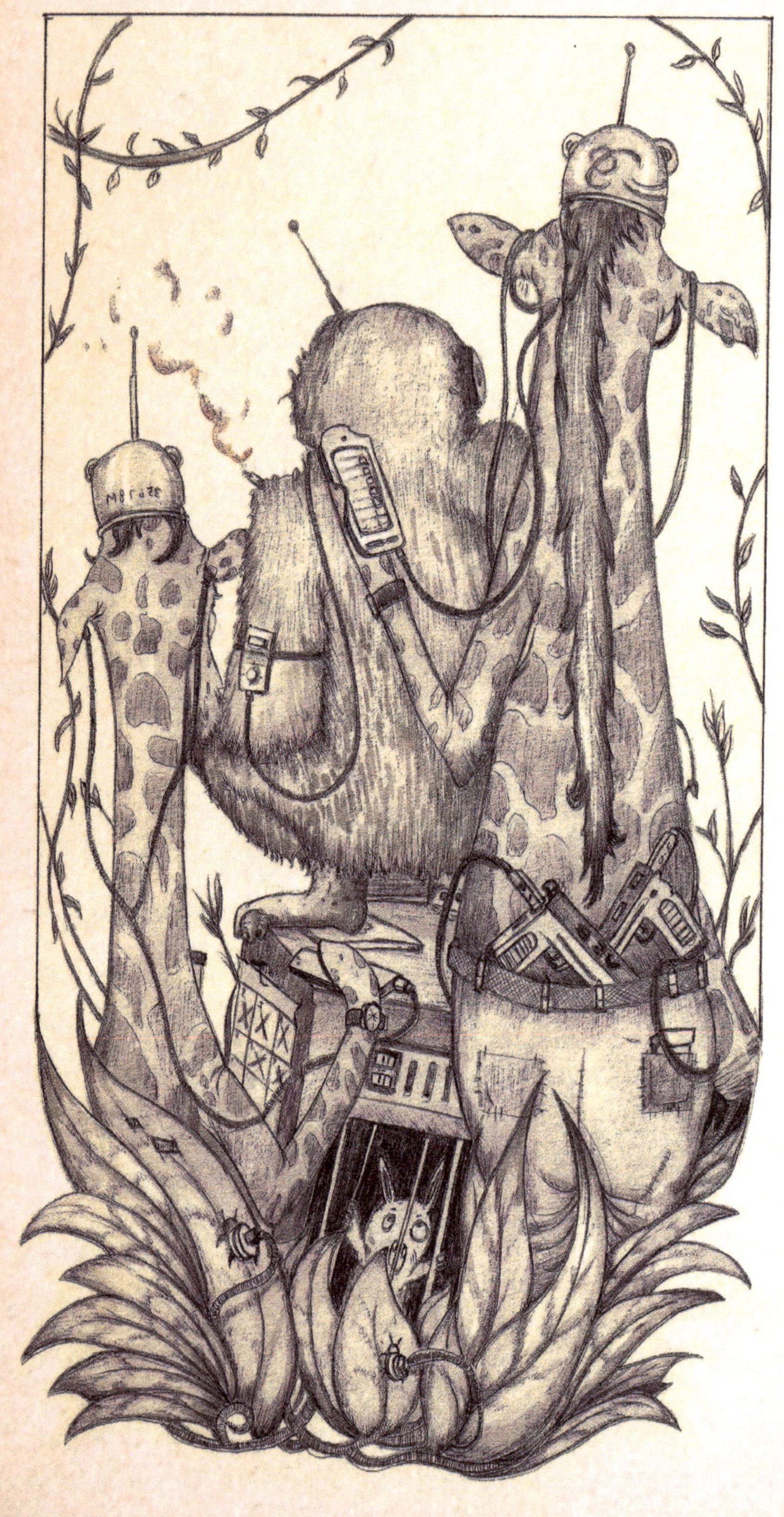

Influencia Occidental

Maquinas de lavar a la orilla del rio, influencia Occidental No.1,
Café internet sobre la selva tropical, Café Animal,
Animales adaptándose a la tecnología, influencia Occidental No. 2,
Biblía iPad, cyber Jesucristo, cyber Dios, cyber Sacerdote.

Robooten Maria Robot…

Detectando los virus…

Necesito un nuevo disco duro,
Más memoria en nuestros corazones.

Bajando velocidad en Sur Centro,
Pistolas USB para tus puertas.

345M2000L,
Este es mi nuevo nombre.

Sanity through

nature.

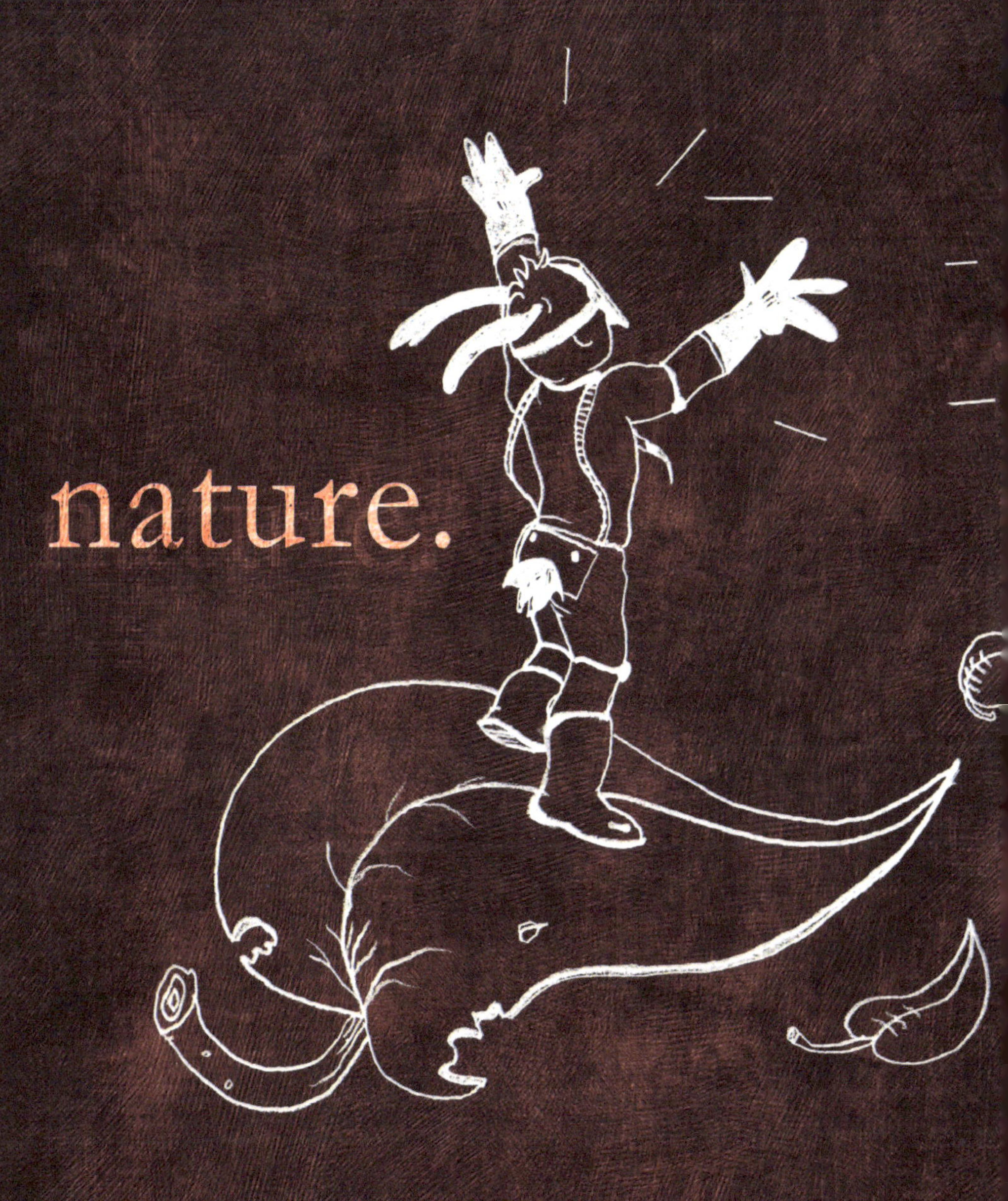

Sanídad a

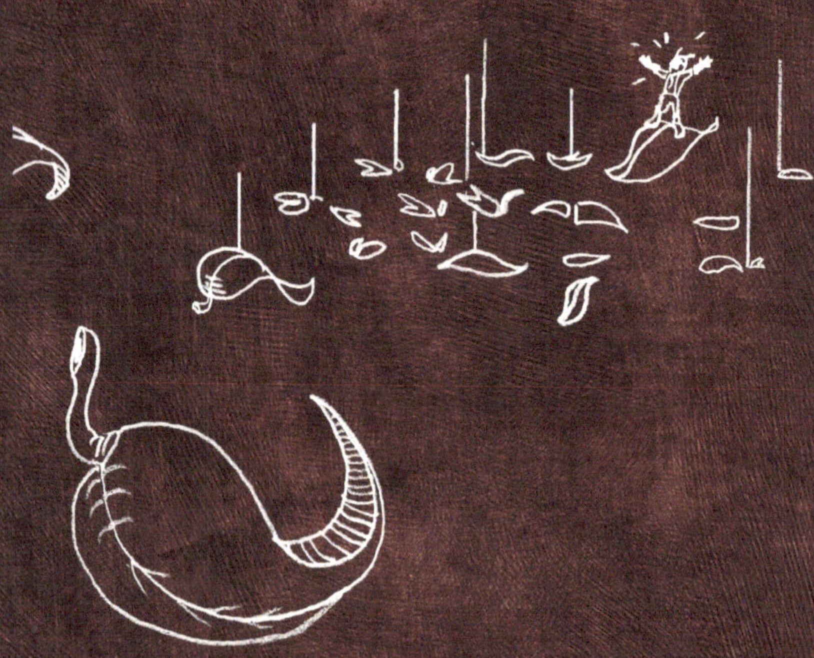

través la naturaleza.

White butterflieS

Fruitful blessings on a sunny, bright morning,
Chirping birds, dragon kisses,
Love potion giving birth to unseen color formations.

"The white butterflies are here!"
Waiting for our blood brother,
Waiting for movement.

We travel to the fountains of youth,
Sacred gasoline for this time, this space,
Reflection is still asleep.

Tired shadow, no more following,
Peace in simple squares,
God's Eye,
Good Will,
Good Fortune.

Simple truth for a simple drink,
Complex Thirst.
White butterflies do your dance,
White butterflies, we'll take that chance.

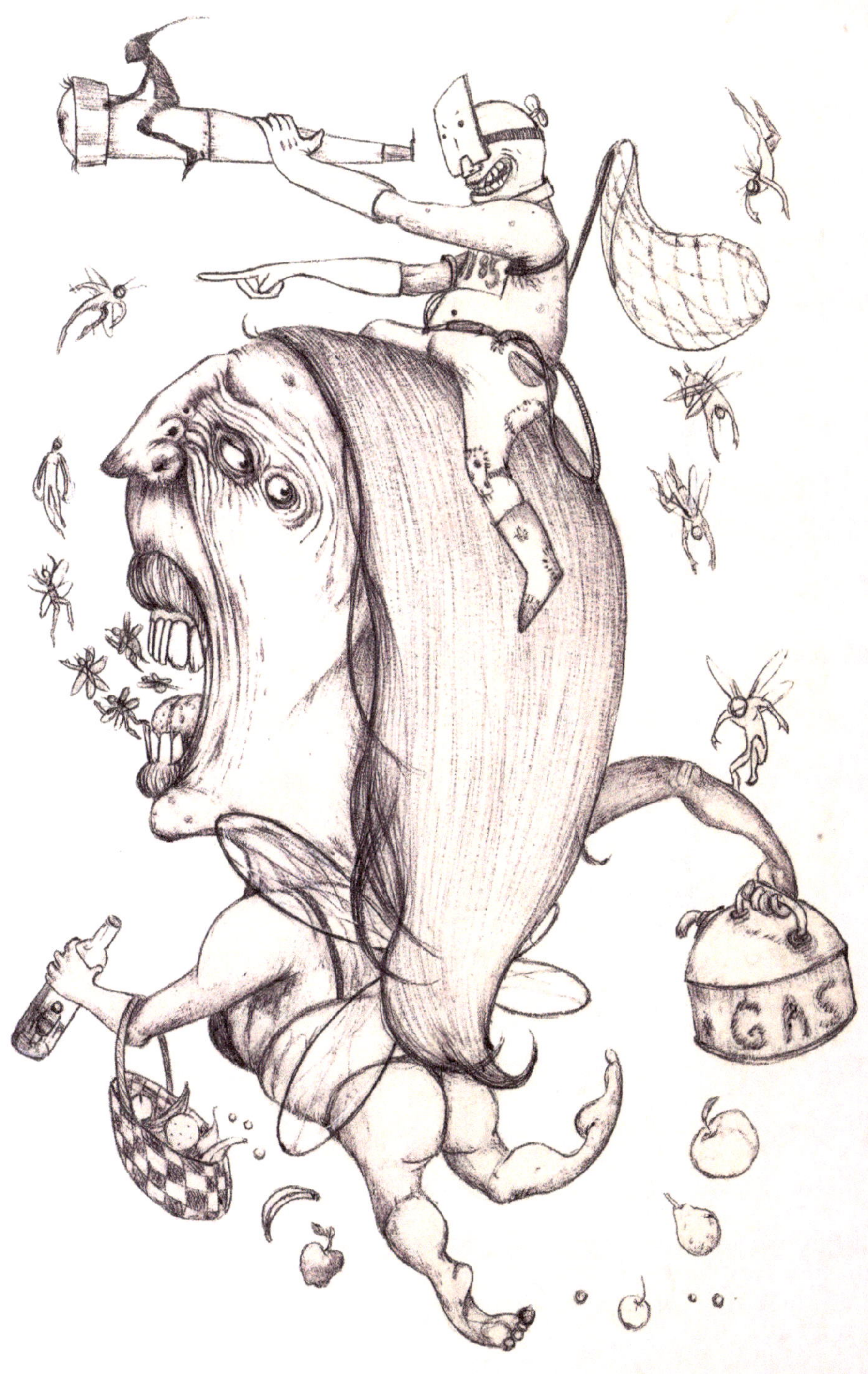
GAS

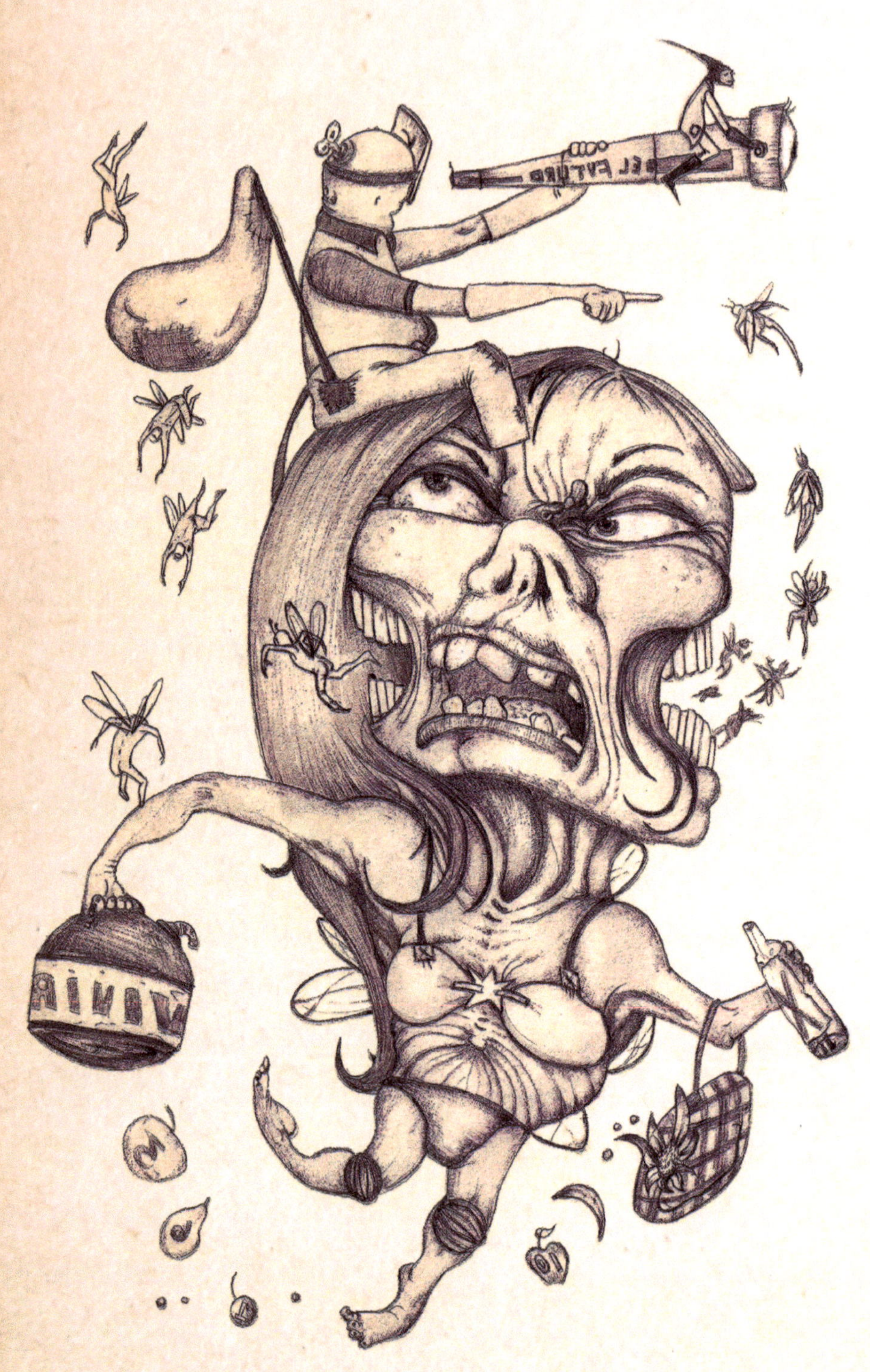
DEL FUTURO

Mariposas blancaS

Bendiciones productivas en una mañana soleada y brillante,
Pájaros cantadores, besos dragón,
Poción de amor dando a luz formaciones
de color nunca vistos.

"Las Mariposas Blancas han llegado!"
Esperando nuestro hermano sangre,
Esperando el movimiento.

Viajamos a las fuentes de la juventud,
Sagrada gasolina para este tiempo, este espacio,
Reflejo todavía duerme.

Cansada sombra, no sigue más,
La paz en simple cuadros,
Ojo de Dios,
Buena Voluntad,
Buena Fortuna.

Mariposas Blancas hagan su baile,
Mariposas Blancas, tomaremos ese chance.

Lose control

within control.

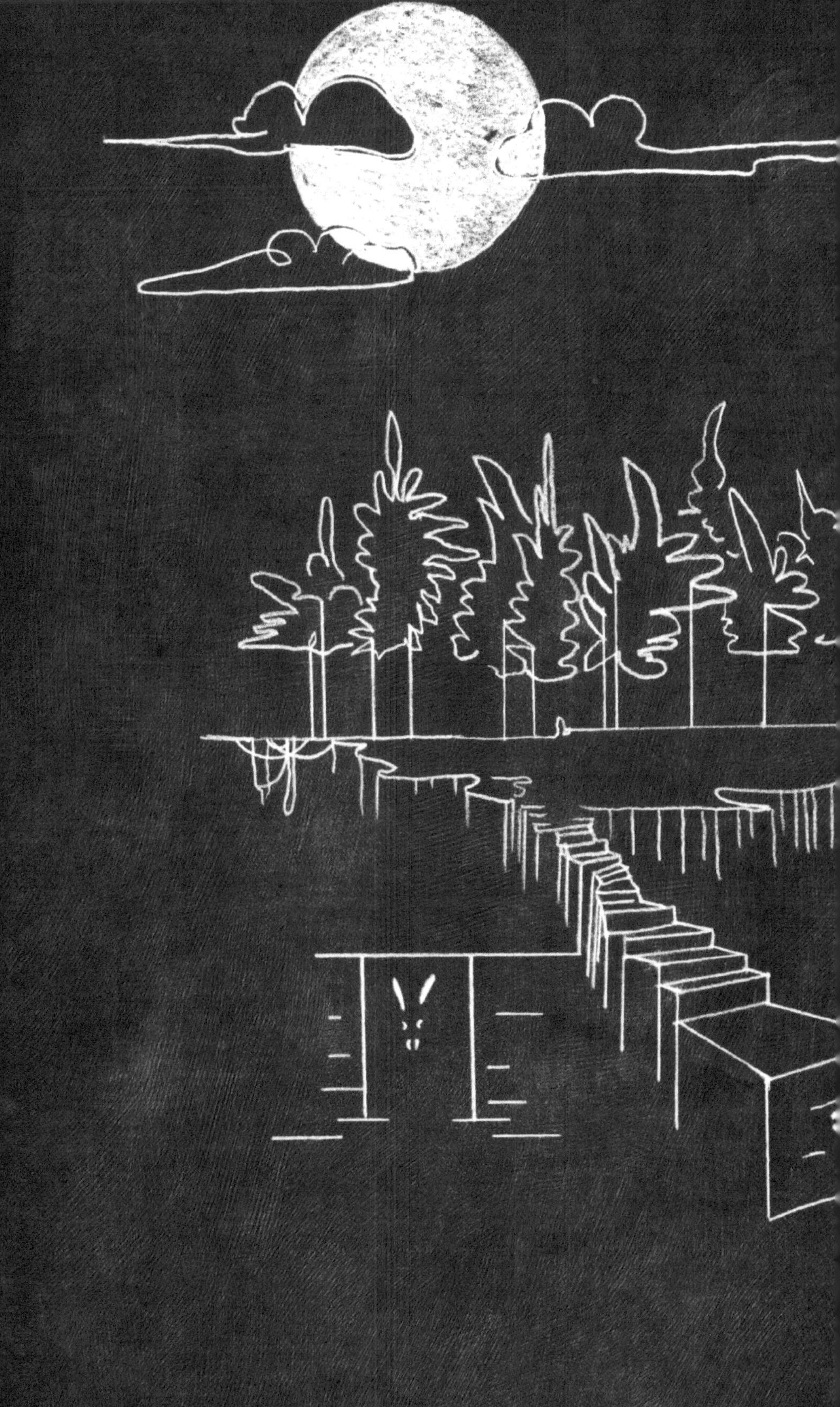

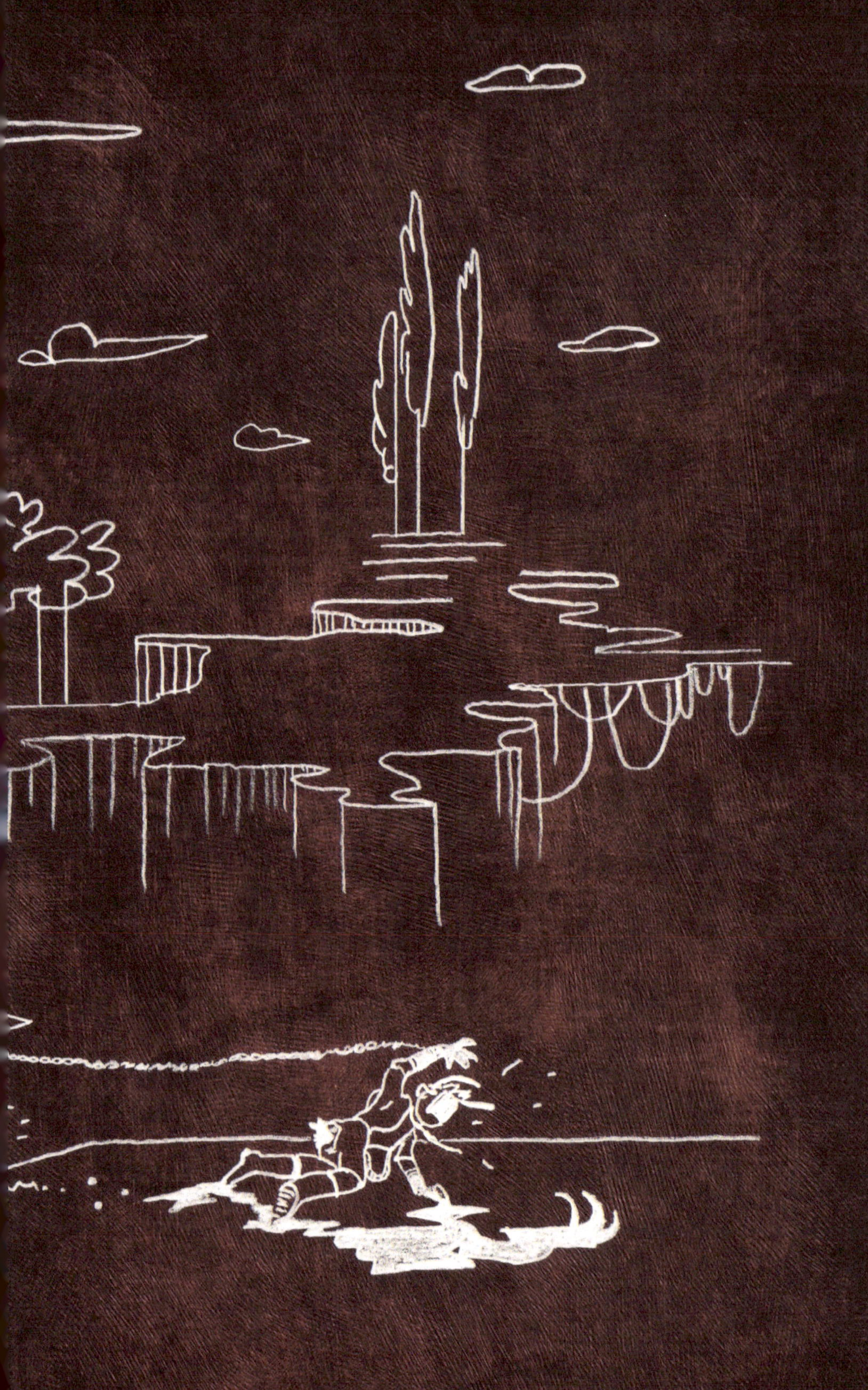

Perder control

dentro control.

Wolf boy

Eternal escape…

"Moon you have left me far behind.
We cannot follow, nor should you lead,
We should wait a second before someone gets hurt."

Self-indulgence peaking,
We need to destroy,
We need sweet warm blood.

Fur touching lips, jaws clenching, soft skin ripping through the moonshine,
Not sure which way to look; how to interpret the realities of a dream sequence,
We are not human,
We are animal.

Endeavor of the fifth kind,
Our souls are bound and our bodies distant as the sun and moon.

Electrolytes ignite in the far east,
The guide is waking, do we have our running shoes?

Skin peeled back, eyes of fury, soothe this thirst with sweat,
Let us ride to freedom.

We ignite over hill cliff, hill crest collision,
No remorse, no worries.

Glide like a broken plane,
Signature all over this town.
We ride and forget these hours,
These days, this life,
We can follow you moon.

-Wolfboy

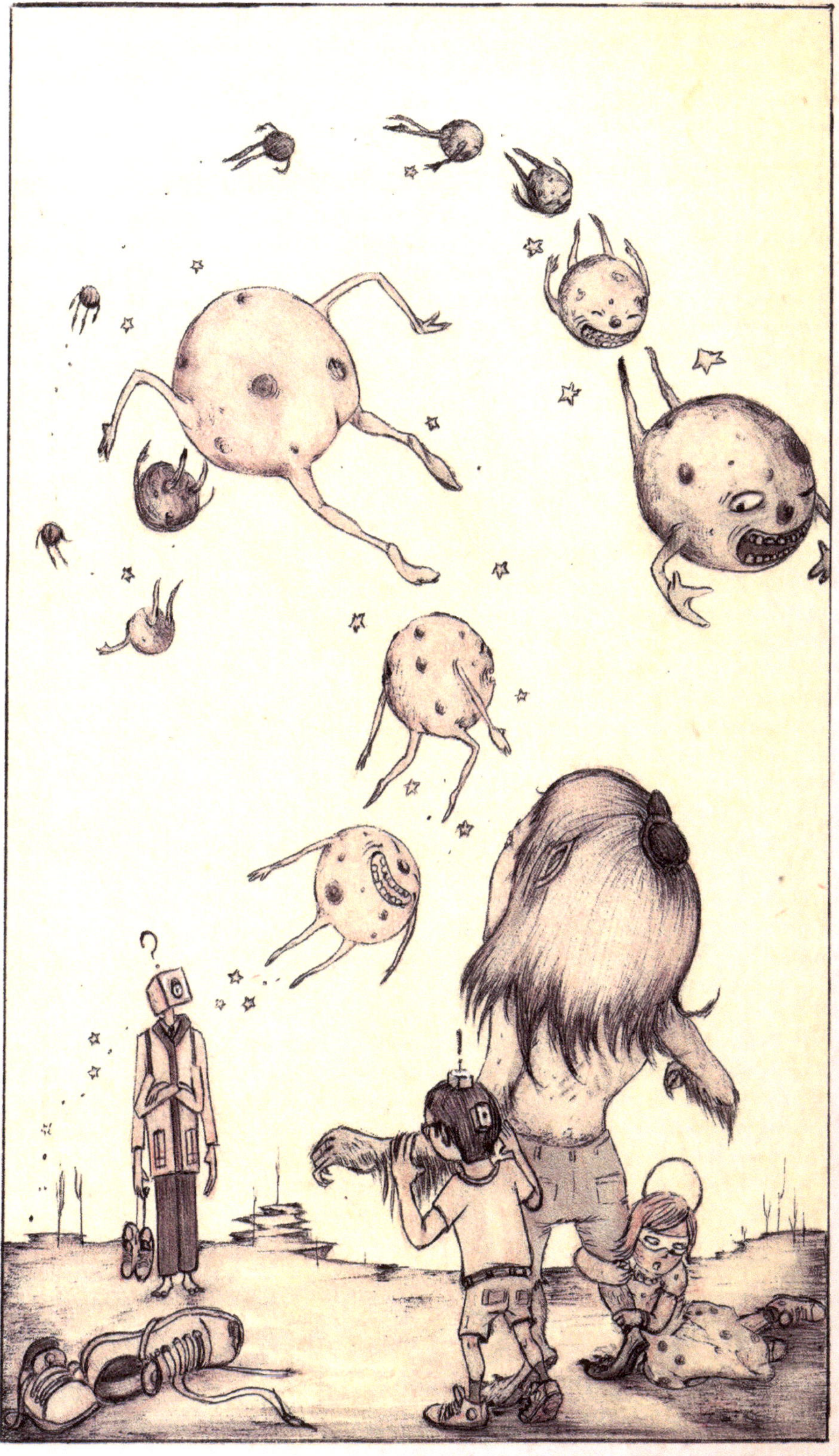

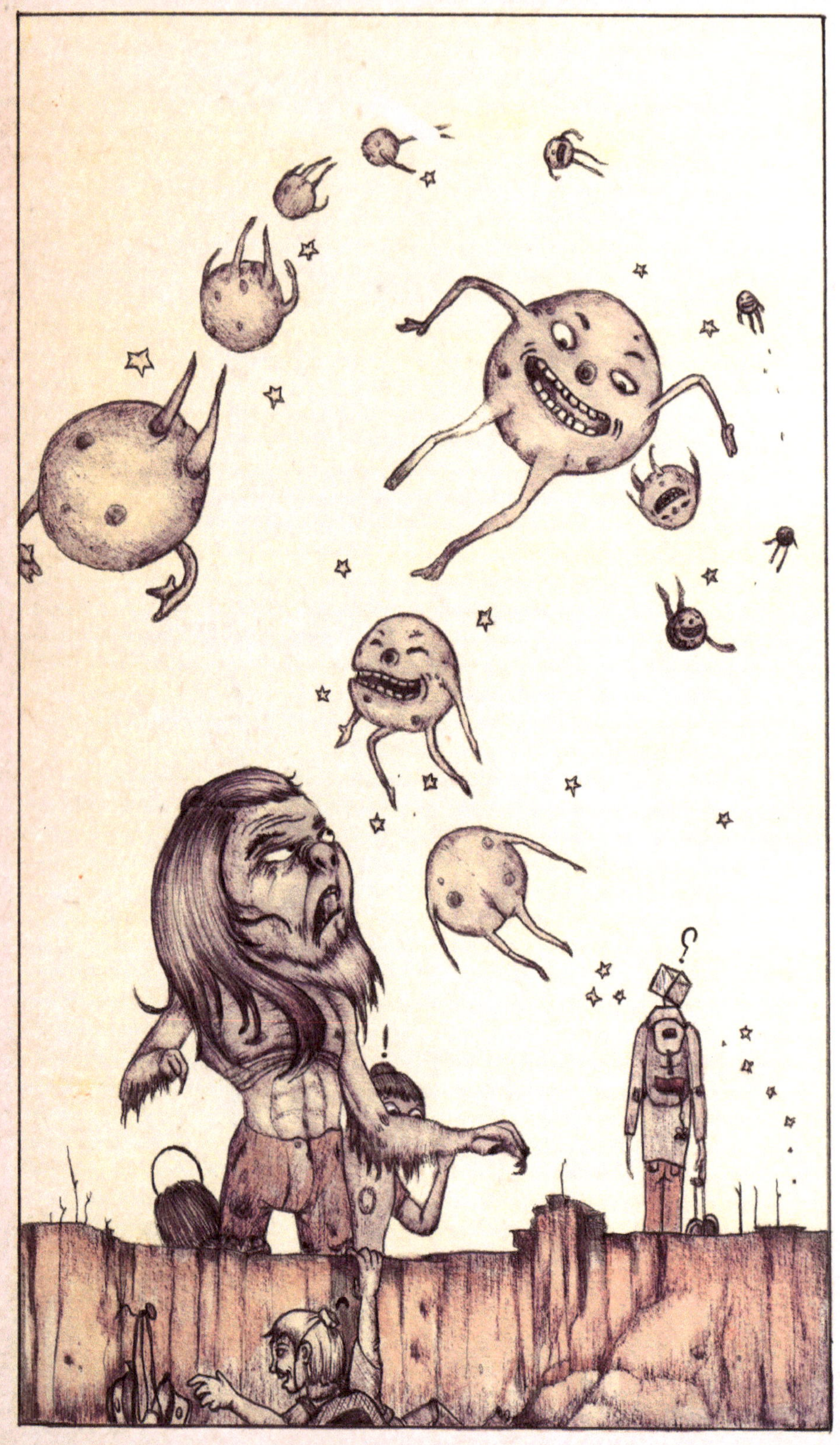

niño lovO

Escape Eterno…

"Luna me has dejado muy atrás.
No podemos seguir ni debemos conducir,
Deberíamos esperar un segundo antes de que alguien se lastime."

La autocomplacencia arribando,
Tenemos que destruir,
Necesitamos sangre calida y dulce.

Pelo tocando labios, el rechinamiento de dientes,
piel suave desgarrándose a través del brillo de la luna,
No seguro hacia dónde mirar; o como interpretar las realidades en secuencia de un sueño,
No somos humanos,
Somos animales.

Camino de la quinta dimensión,
Nuestras almas están atadas y nuestros cuerpos distantes como el sol y la luna.

Los electrólitos encienden el lejano oriente,
La guía está despertando, tenemos zapatillas para correr?

Ojos de furia, Carne viva estirada hasta atrás, calma esta sed con sudor,
Déjanos llegar a la libertad.

Nos incendiamos sobre el precipicio, un choque con la cima acantilada,
Sin remordimiento, Ní preocupaciones.

Deslizándose como avión roto,
Dejando su marca por toda esta ciudad.
Recorrimos y olvidamos estas horas,
Estos días, esta vida,
Te podemos seguir luna.

-Niño Lobo

ash

to

ash.

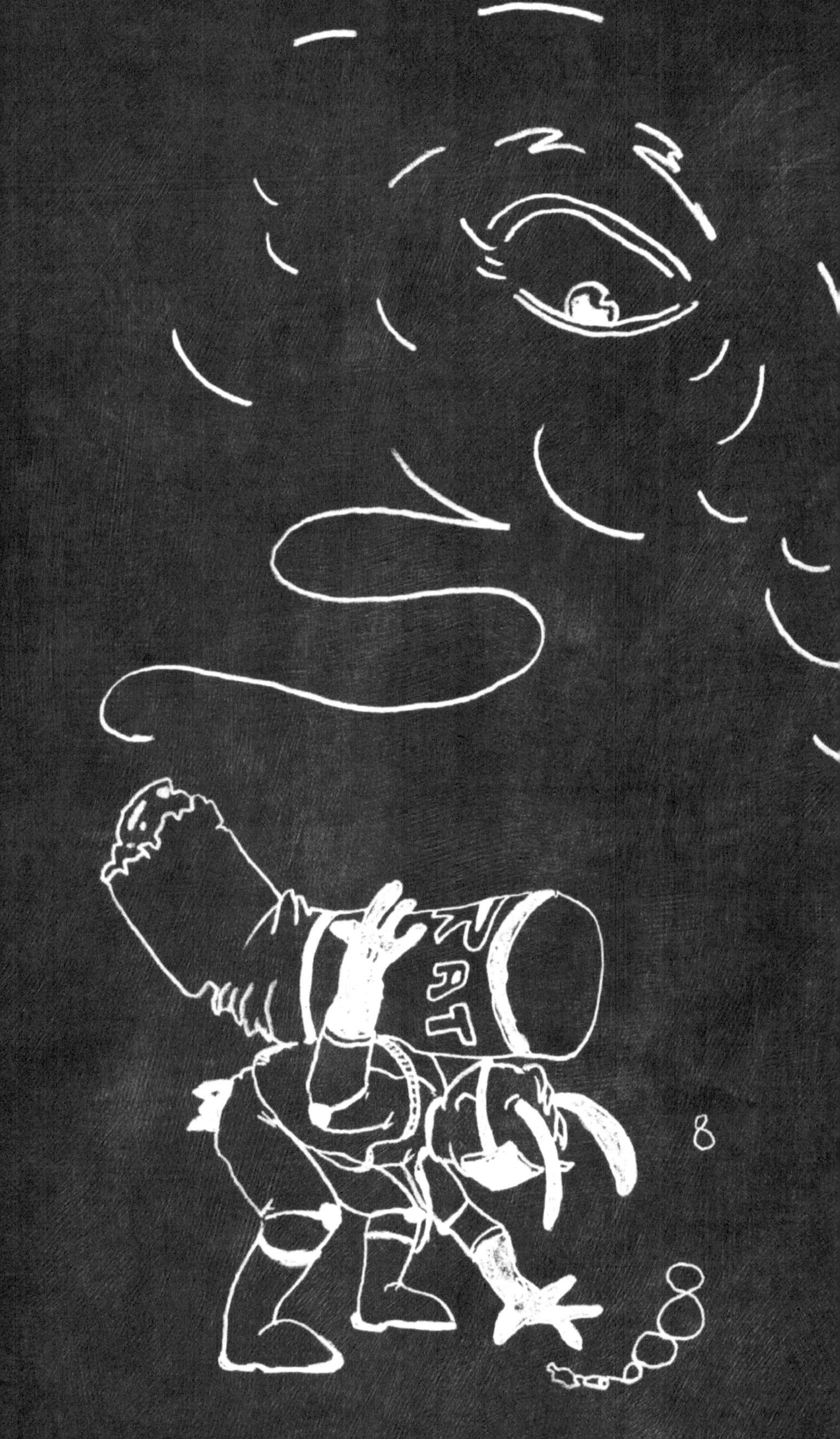

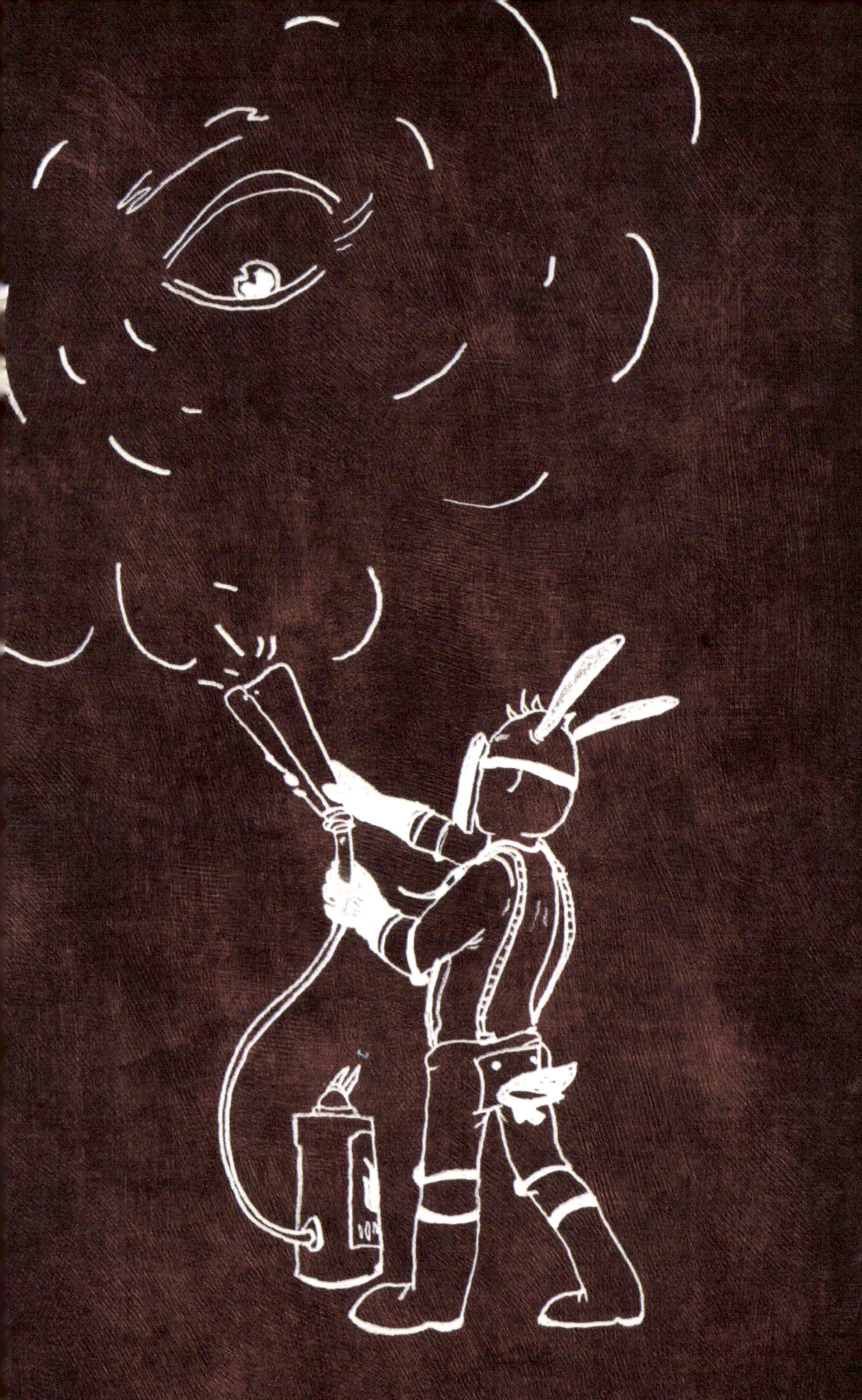

ceniza

a

ceniza.

Smoking with fat rat

I suppose we can smoke in here,
This is our house,
There is no one here but us,
We are not polluting the world,
Our lungs are made of steel,
There is a fire burning inside,
Not outside.

A million windows to the north,
Dogs fucking to the east,
The filthy Fat Rat lies nude,
He laughs at us.

Somewhat asleep while awake,
Striking struck keys,
Contemplating this existence,
Witness to the winter heat,
He will destroy us at 4:30 a.m.

Scratch, Scratch, Scratch...

Fresh drink to wake the body,
Clean Piss,
It's almost over.

Sun shines almost A "hello,"
Fucking Fat Rat.
Misery,
Blood Boiling,
Eyes Red,
Feet ready to stomp,
Gulp, Gulp.

We close our eyes before the sun turns up.

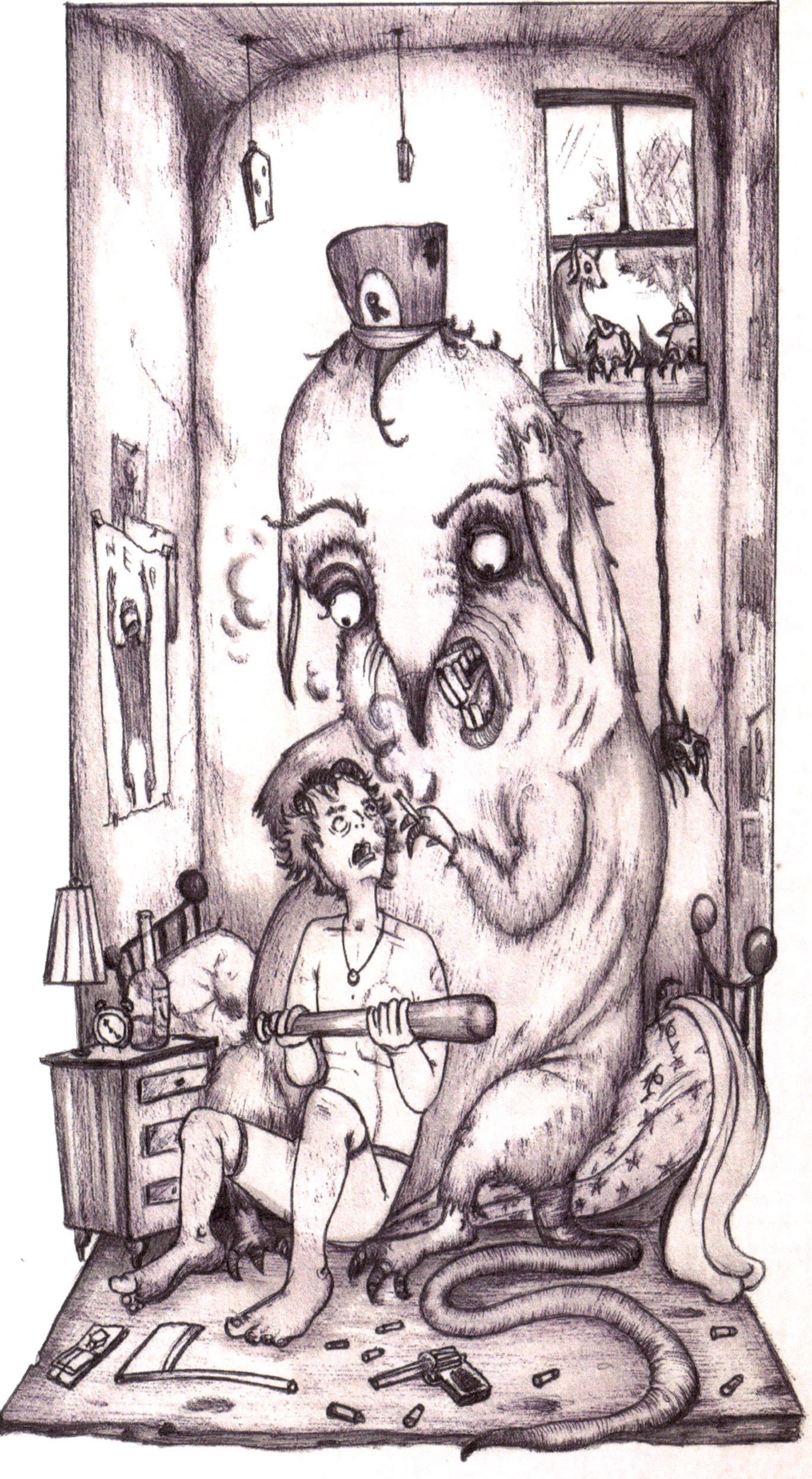

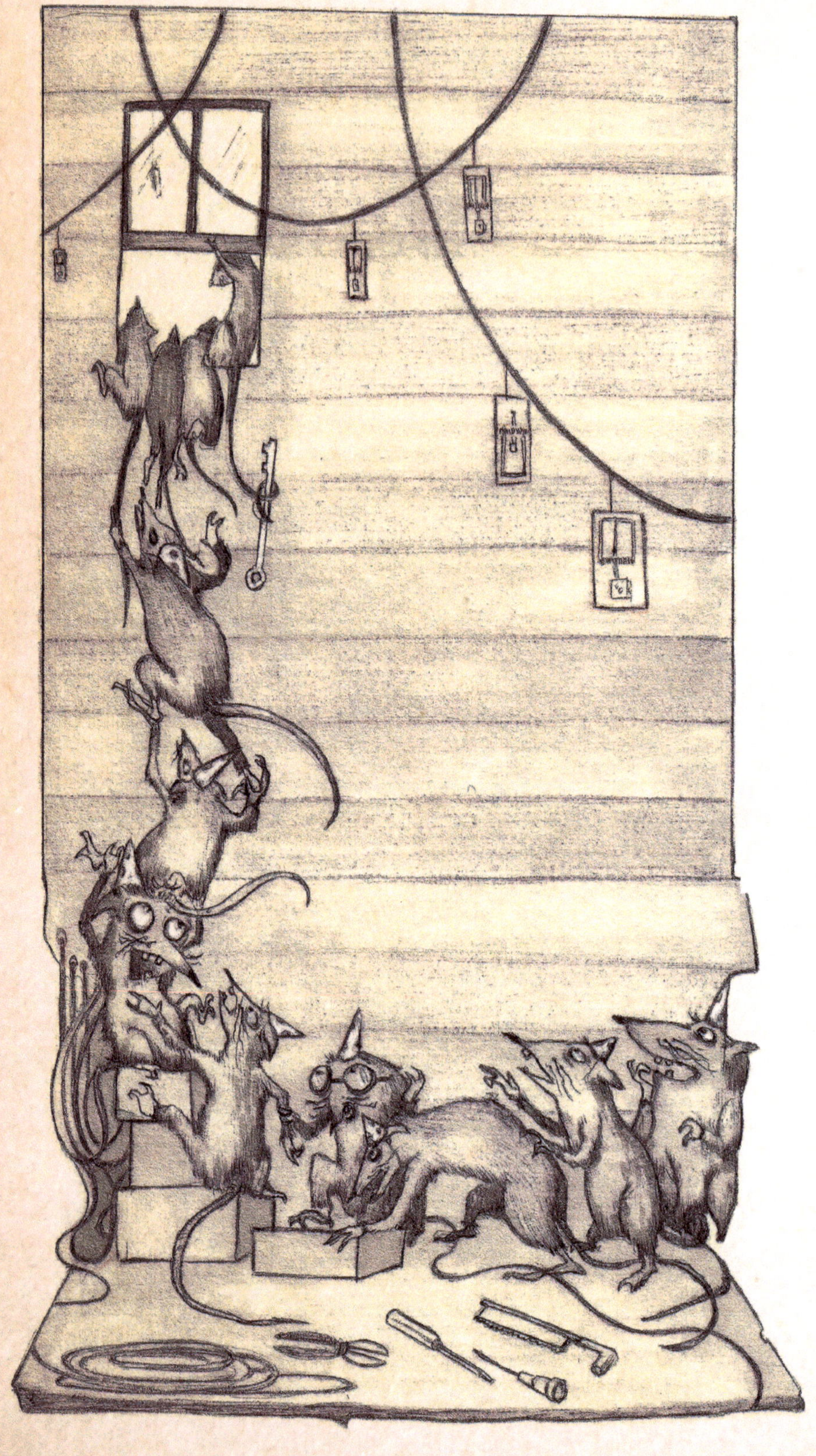

fumando con la rata gorda

Supongo que podemos fumar aquí dentro,
Esta es nuestra casa,
No hay nadie aquí más que nosotros,
No estamos contaminando el mundo,
Nuestros pulmones son hechos de acero,
Hay un fuego que arde por dentro,
No Afuera.

Un millón de ventanas hacia el norte,
Perros cojíendo por el este,
La sucia Rata Gorda acostada desnuda,
Se ríe de nosotros.

Medio dormido mientras despierto,
Golpeando llaves tocadas,
Contemplando esta existencía,
Testigo al calór del invierno,
Nos destruirá a las 4:30.

Rasca, Rasca, Rasca...

Bebida fresca para despertar el cuerpo,
Orín limpio,
Ya casí termina.

El sol casi saludando con un, "Hola,"
Pinche Rata Gorda!
Misería,
Sangre Hirviendo,
Ojos Rojos,
Pies dispuestos a pisotear,
Traga, Traga.

Cerramos nuestros ojos antes que salga el sol.

Strength for

Honor.

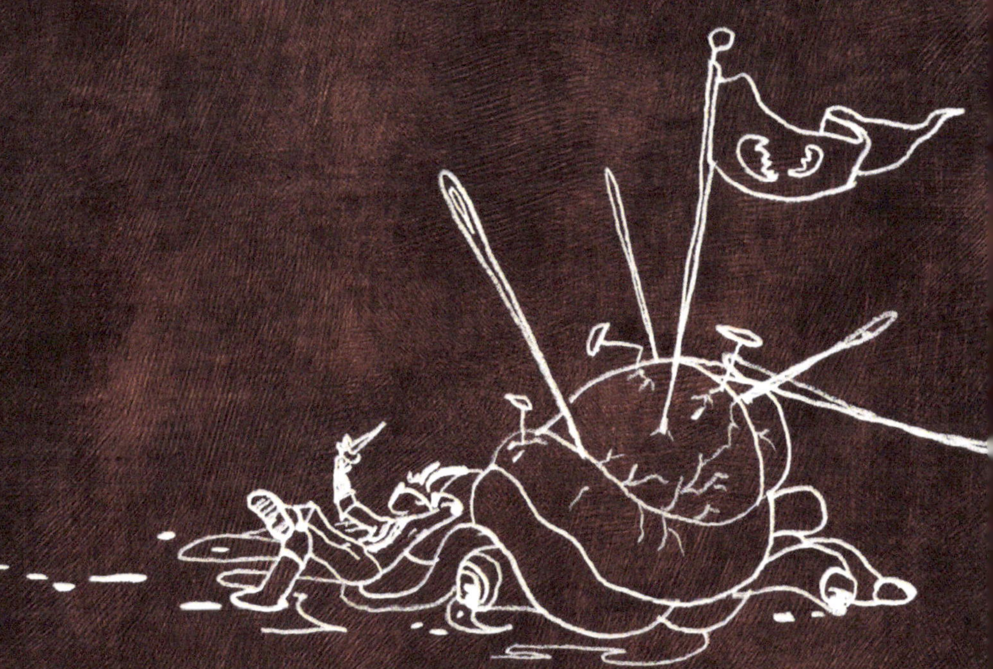

Fuerza

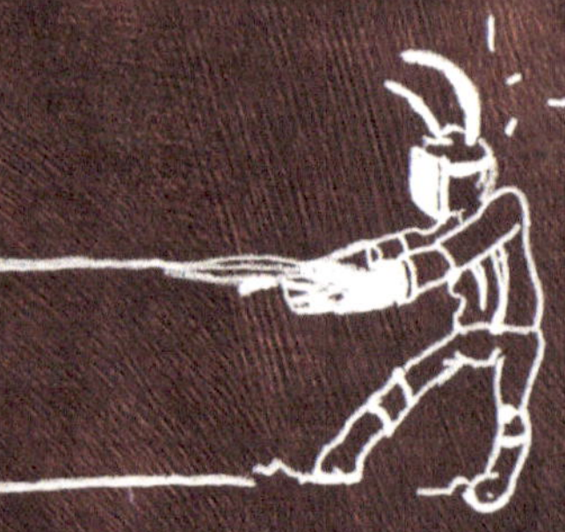

por Honor.

brave heart

Perpetual Sentiments,
The Alchemist lied to you.
Don't know which way to go,
No flight direction.
You said you would always be here,
You Lied.

Black doors close.
"Put down your gun, we're not leaving!"
Rip open fresh wounds,
"Don't kill us, it's the law."

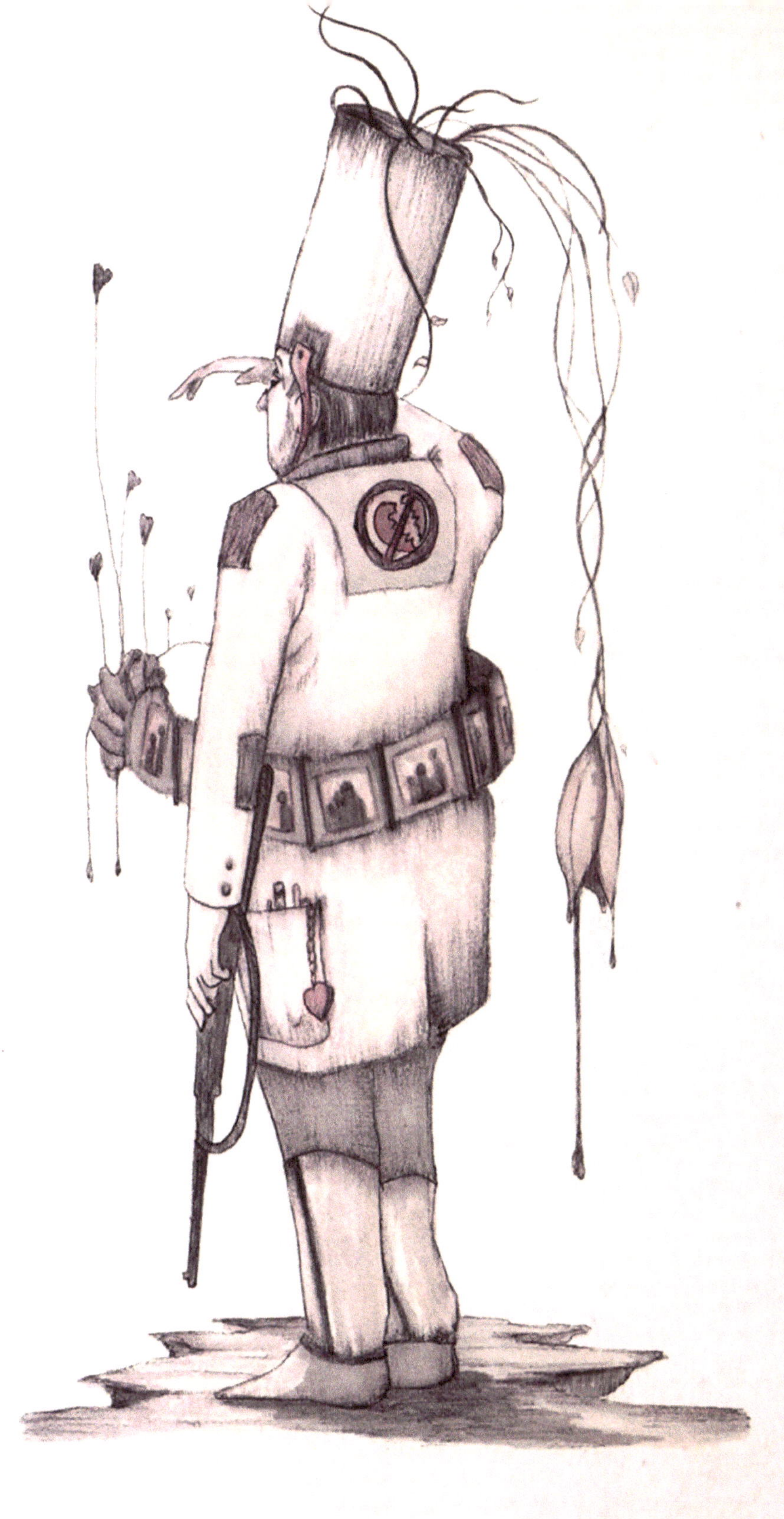

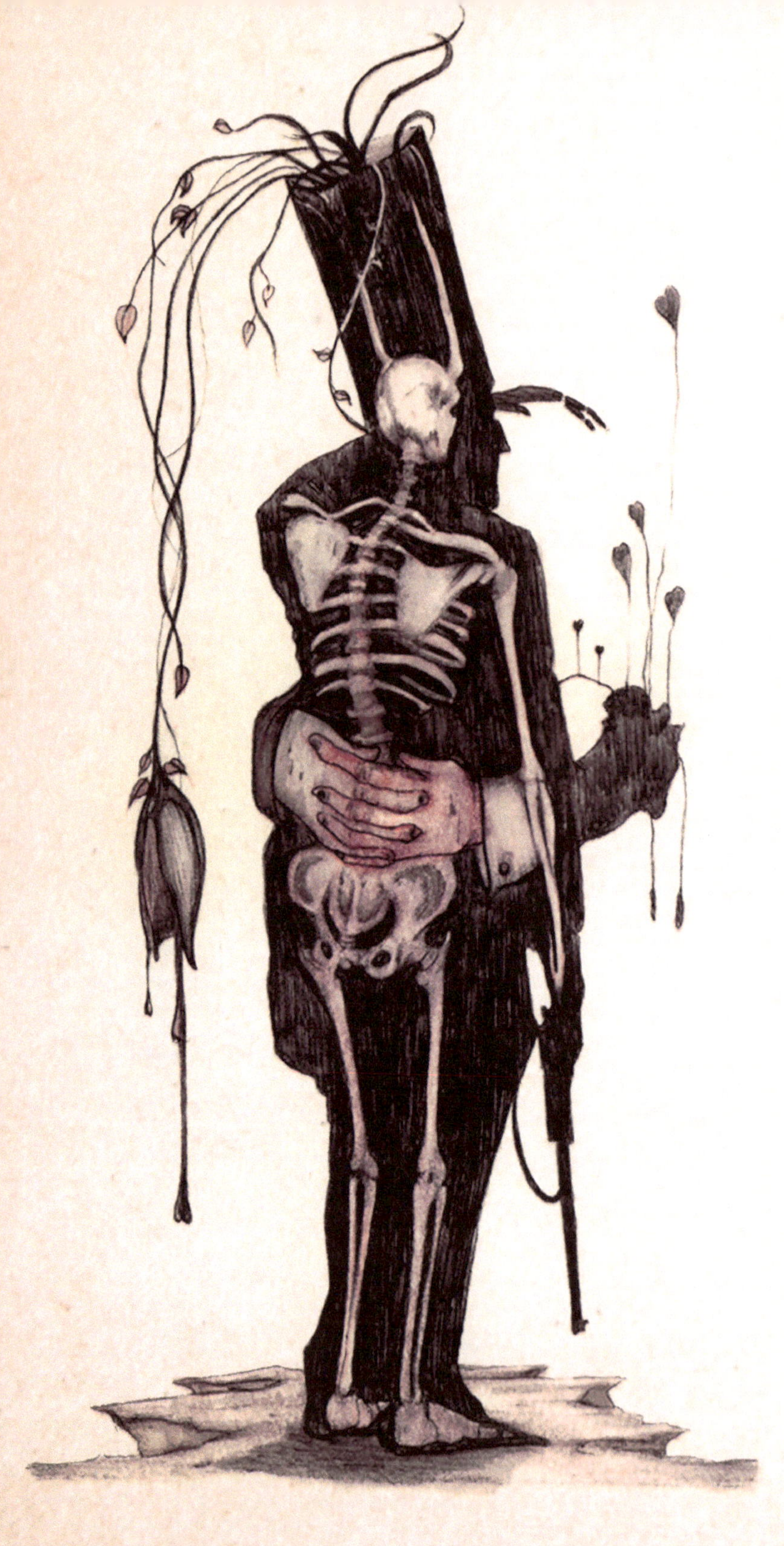

Corazón valiente

Sentimíentos Perpetuos,
El Alquimista te mintio.
Sin sabér a donde ir,
Sin dirección de vuelo.
Me dijiste que siempre estarias aquí,
Me Mentiste.

Se cíerran las puertas negras.
"Baja la pistola, no nos iremos!"
Desgarra heridas frescas,
"No nos matés, Es la ley."

Back
to
Bas

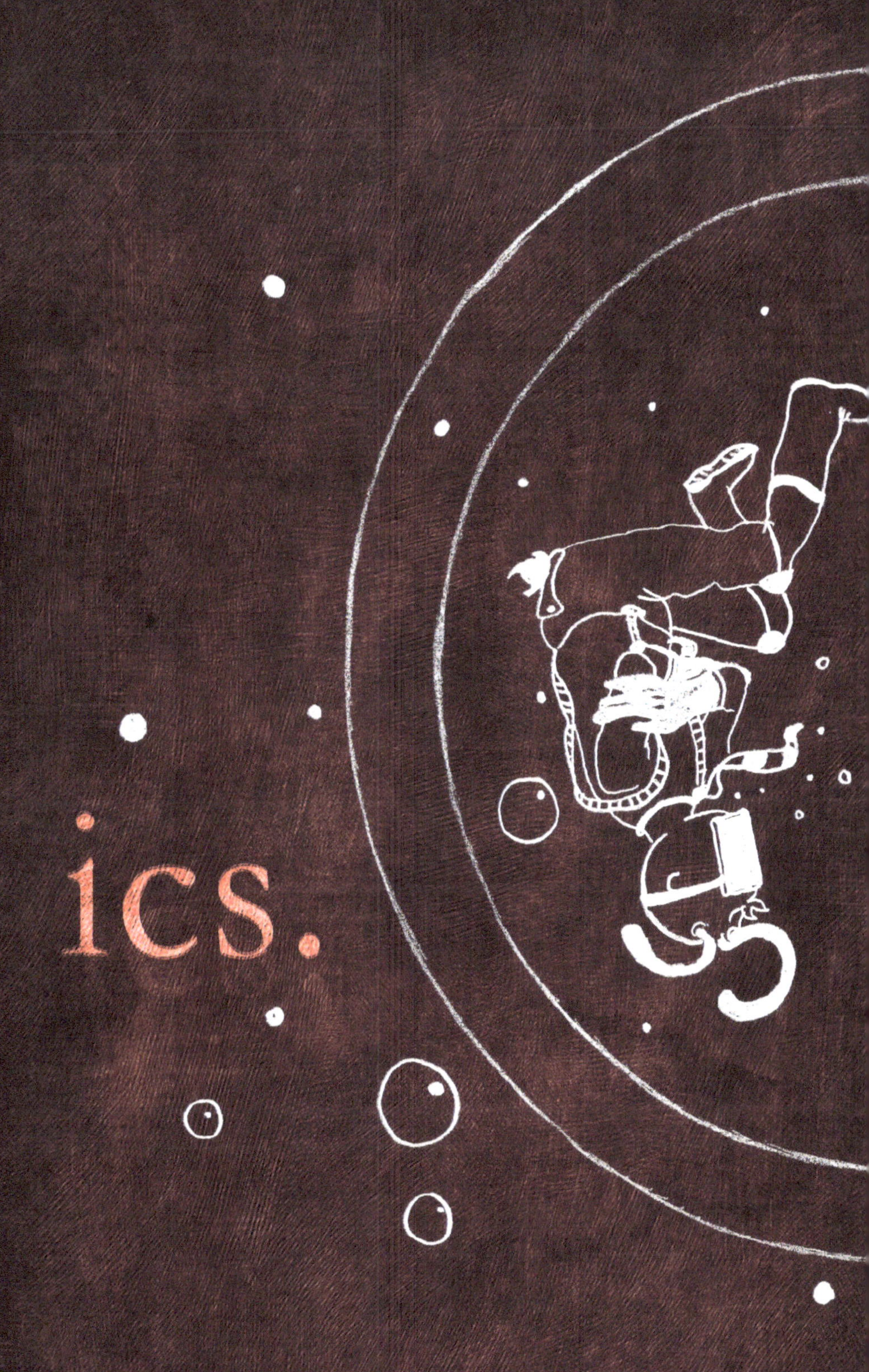
ics.

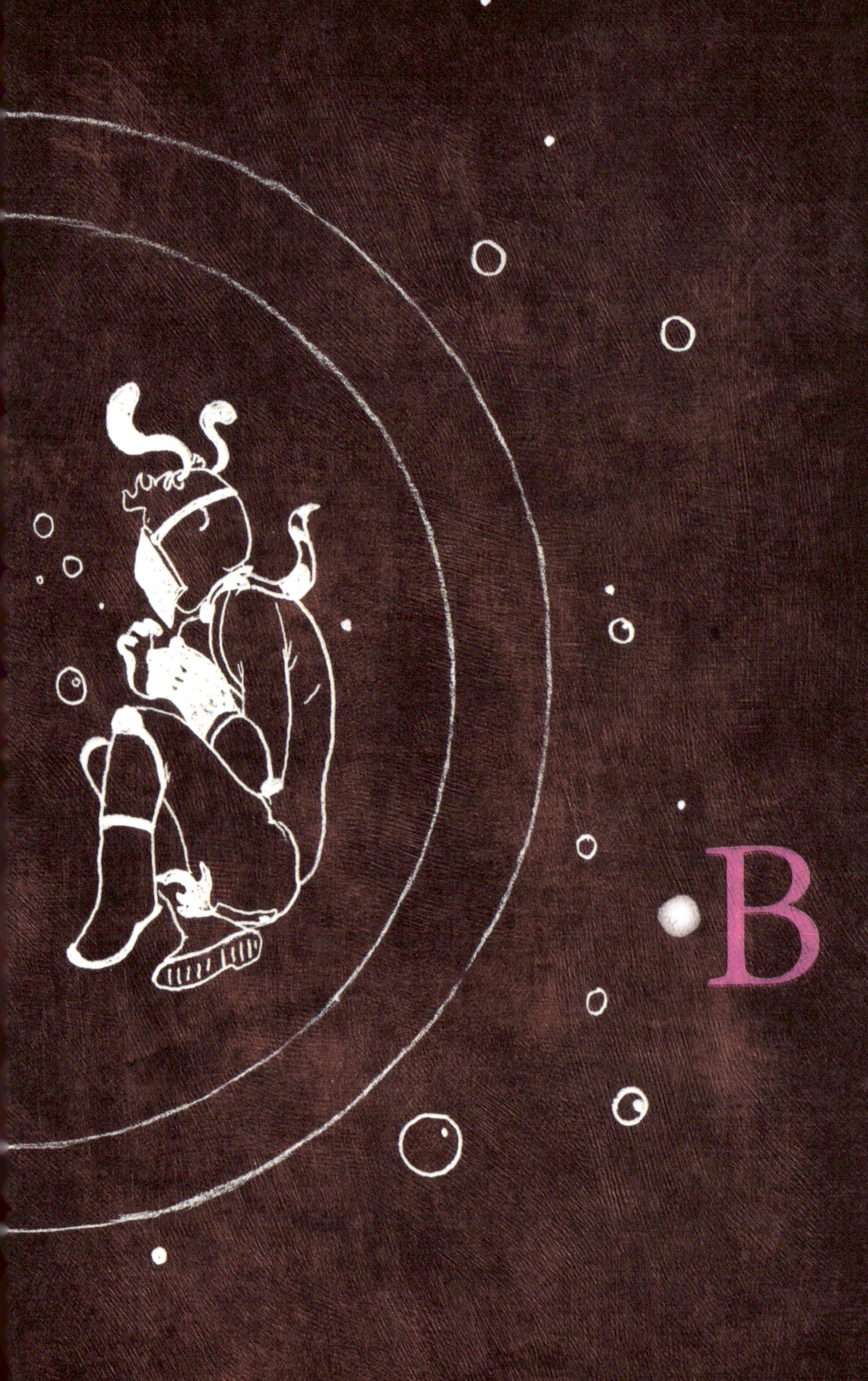
B

Regréso

a lo

asíco.

human

Small Angle,
We caress our inner child tonight.
Holding tight to ideas of summer rain,
Oblige.

Holes in our shirt,
We can make peace.
We see human.

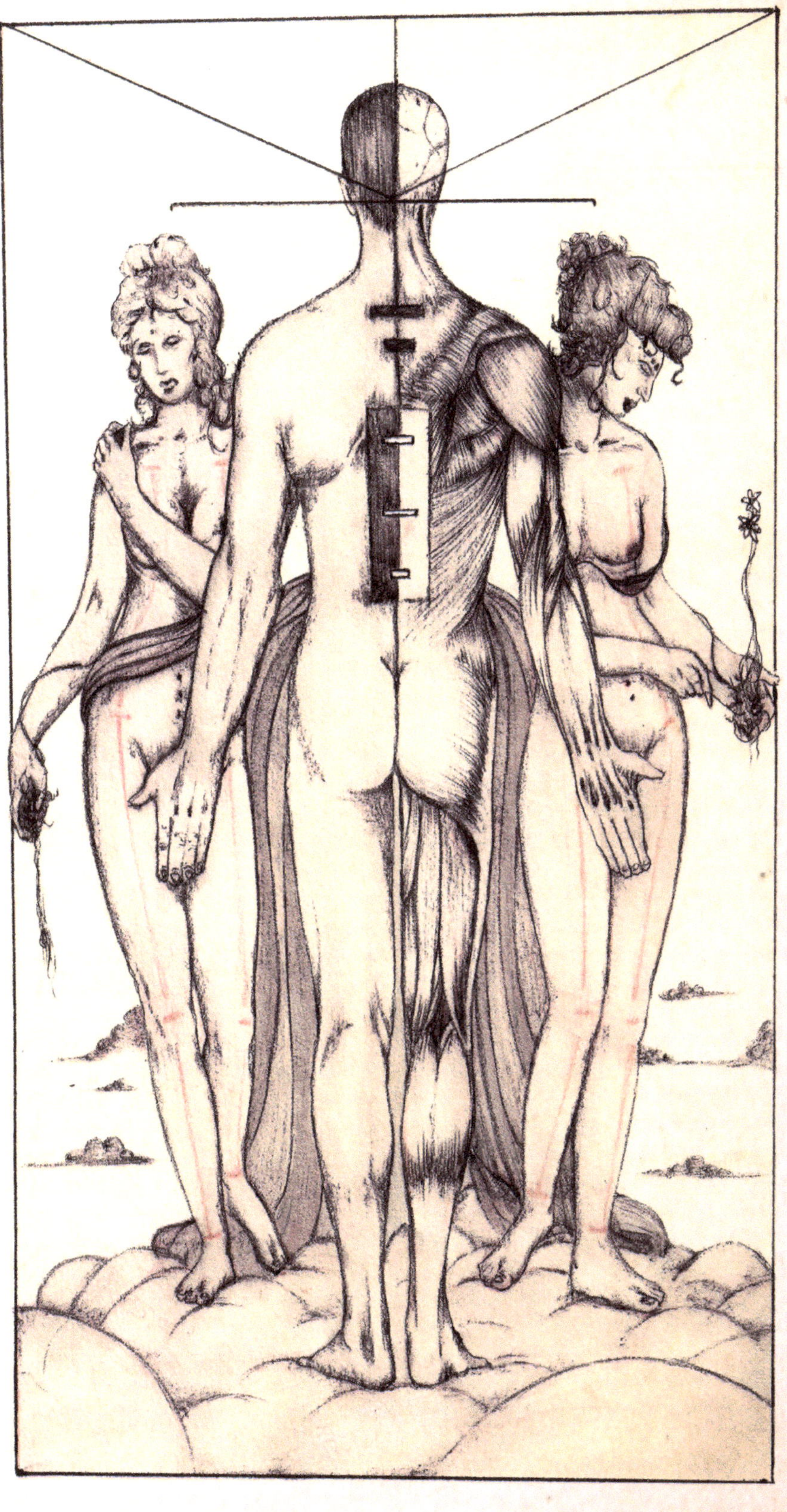

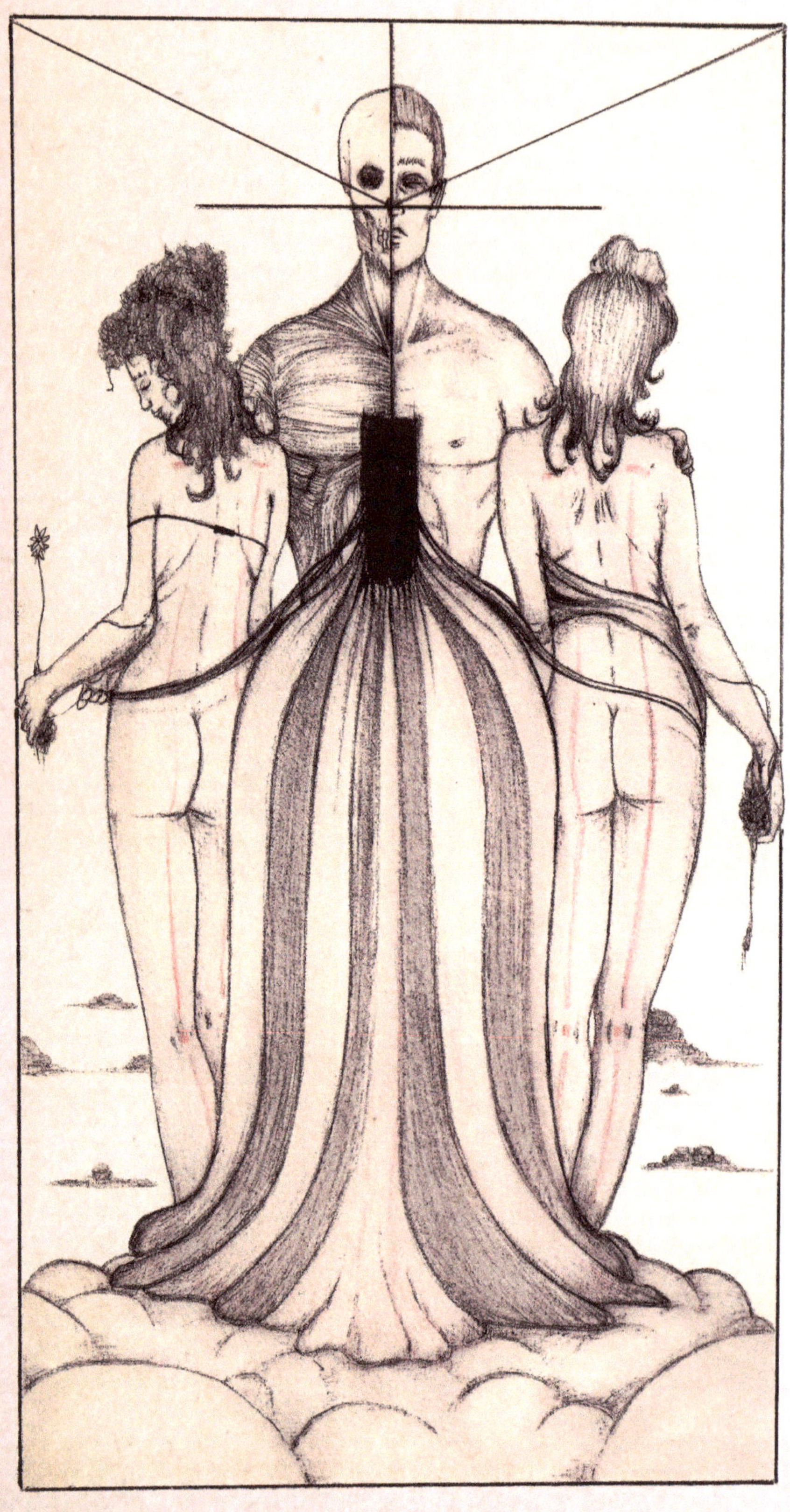

humanO

Angulo Pequeño,
Acariciamos al niño interior esta noche.
Abrazados fuertemente a la idea de lluvia en el verano,
Consentir.

Hoyos en nuestra camisa,
Hacemos la paz.
Miramos humanamente.

most

important

chapter.

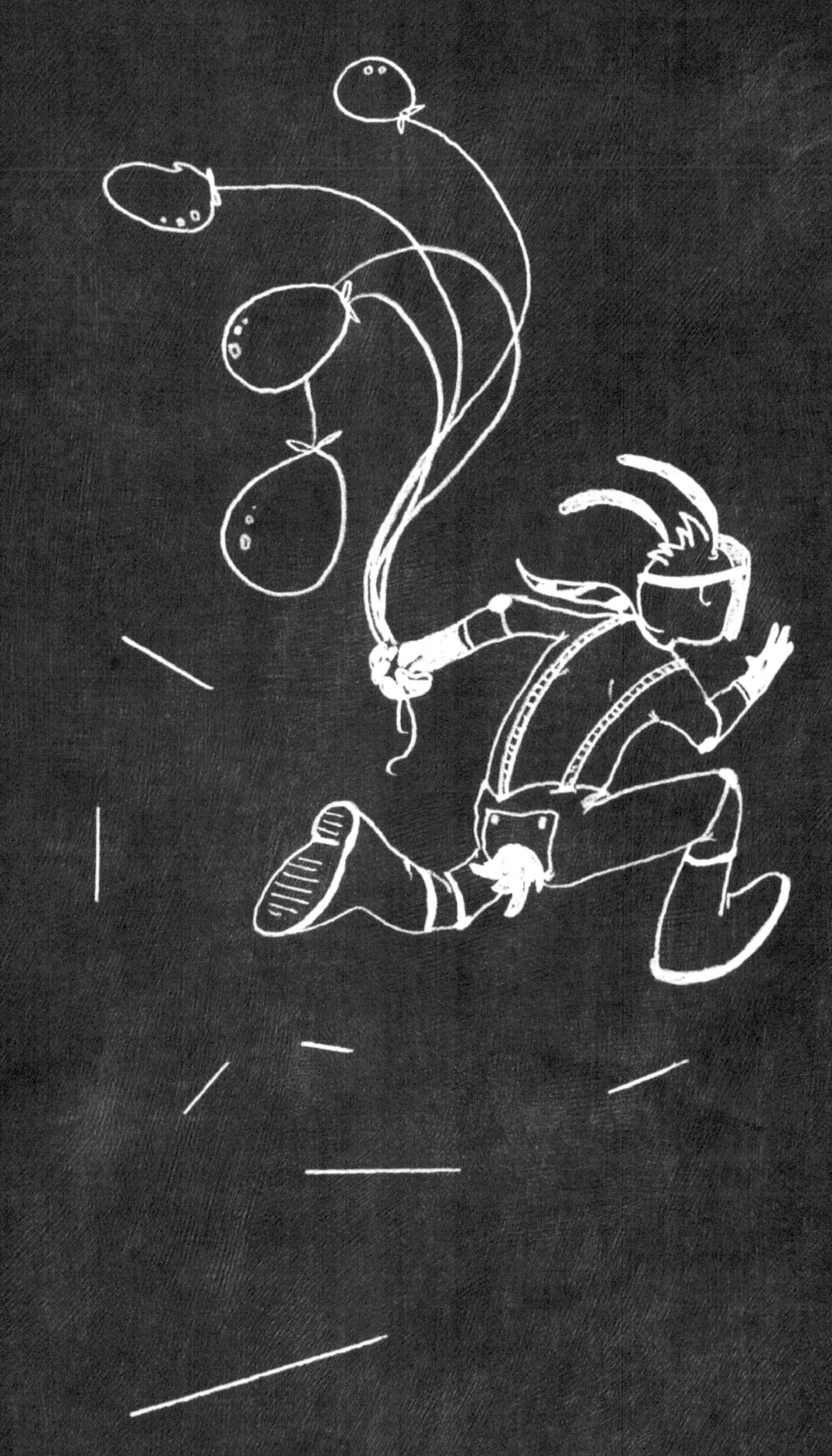

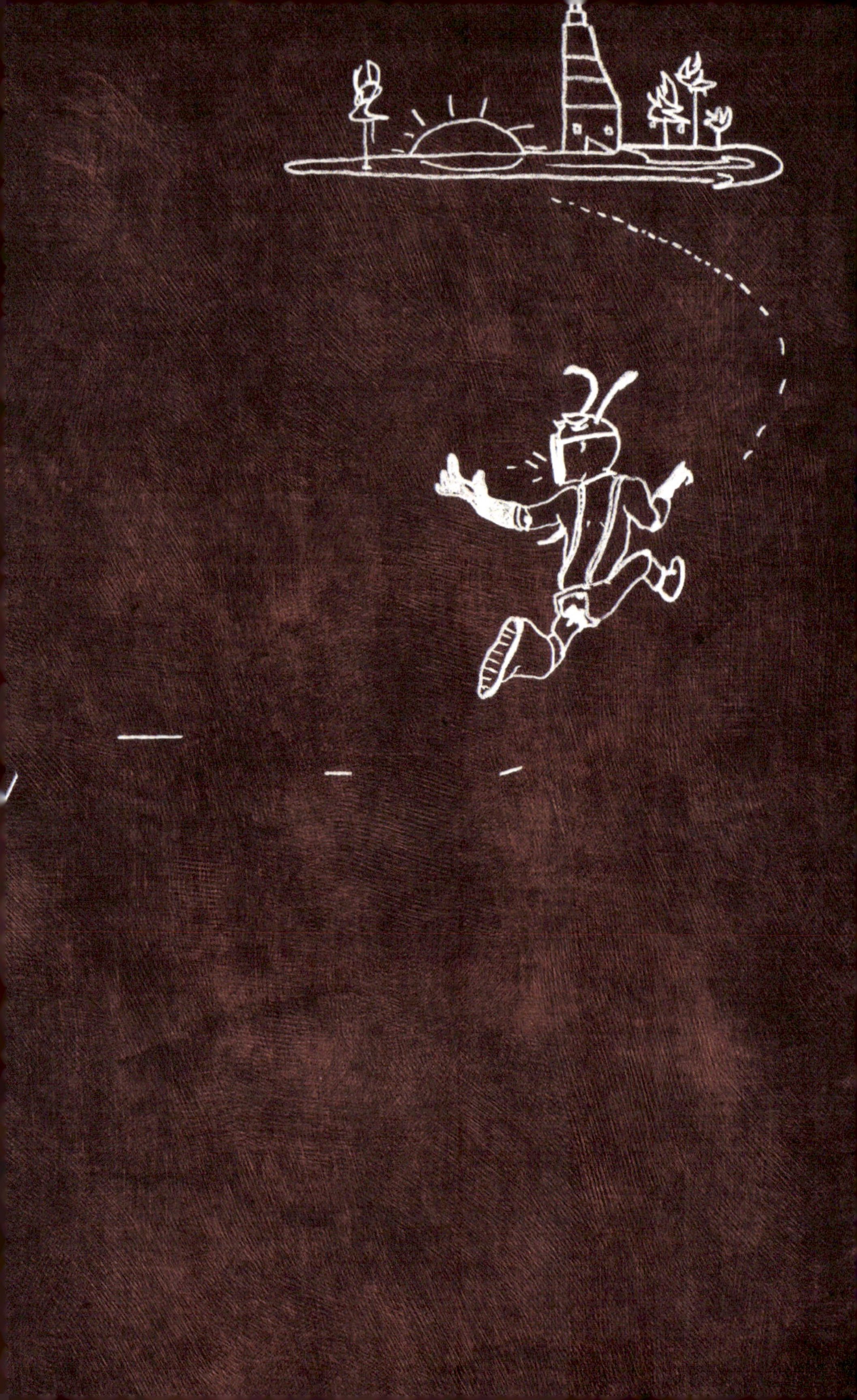

El capitulo más importante.

beautiful worlD

Looking forth into the raining sky,
Dark blue silhouettes constructing chaos,
Revealing such a breaking portrait.

Ancient sculptures move with ease,
Slippery slopes without a tense for breakage,
Eyes glued against the backwash of dirty walls,
We create these moments to forget.
We eat psychedelics for breakfast,
Glasses half full, solace reflections, sugar dreams,
Hooded for sane disguise,
Mistakes handed out at every corner,
True sensitivity for our century,
Fanny pack wrapped around large waistlines,
Butterflies waiting to explode.

We are afraid of human contact,
We can be friends online.

Meet God,
Be Wonderful,
Forget the World,
BE YOU TOO FULL WORLD

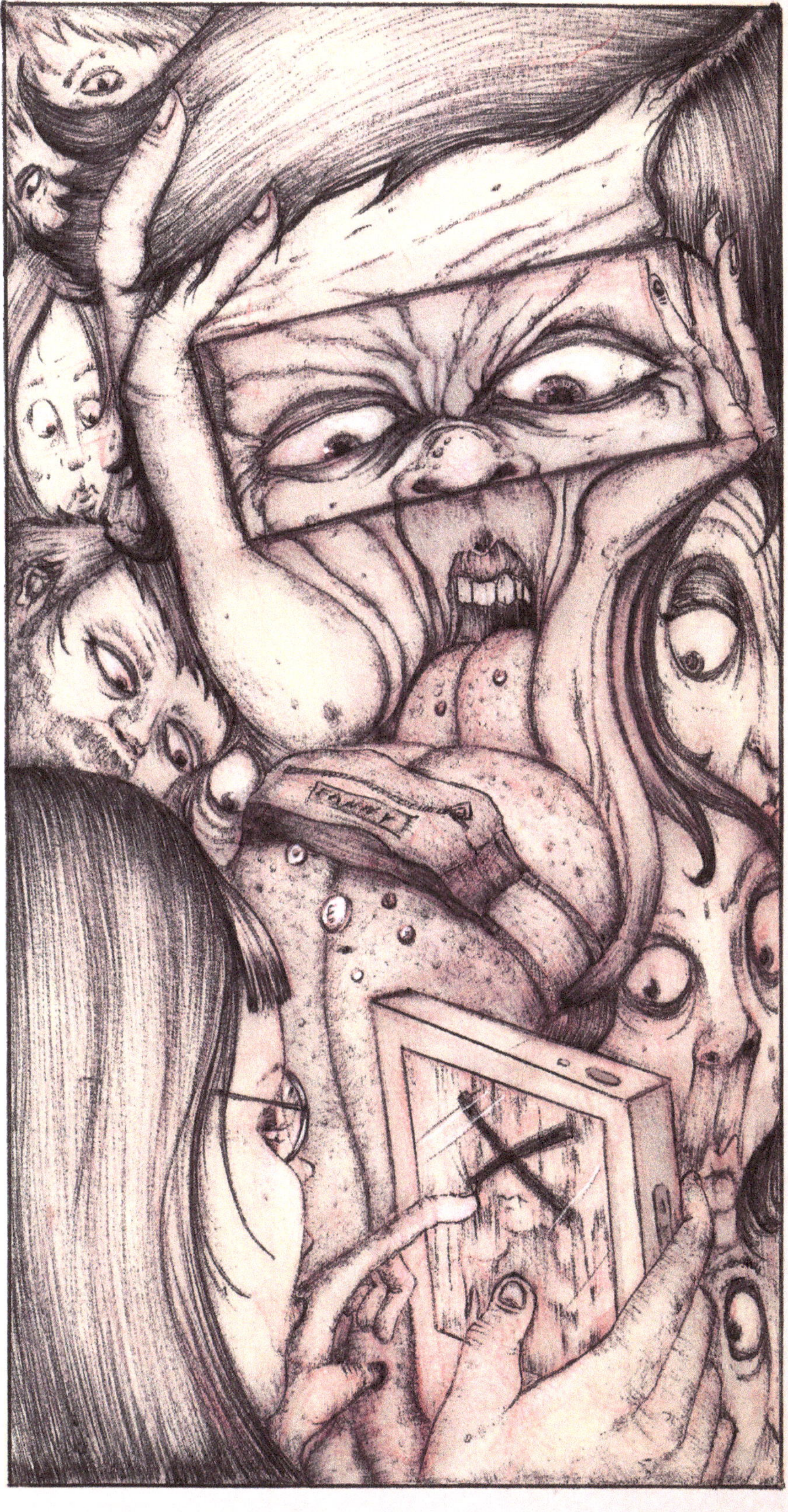

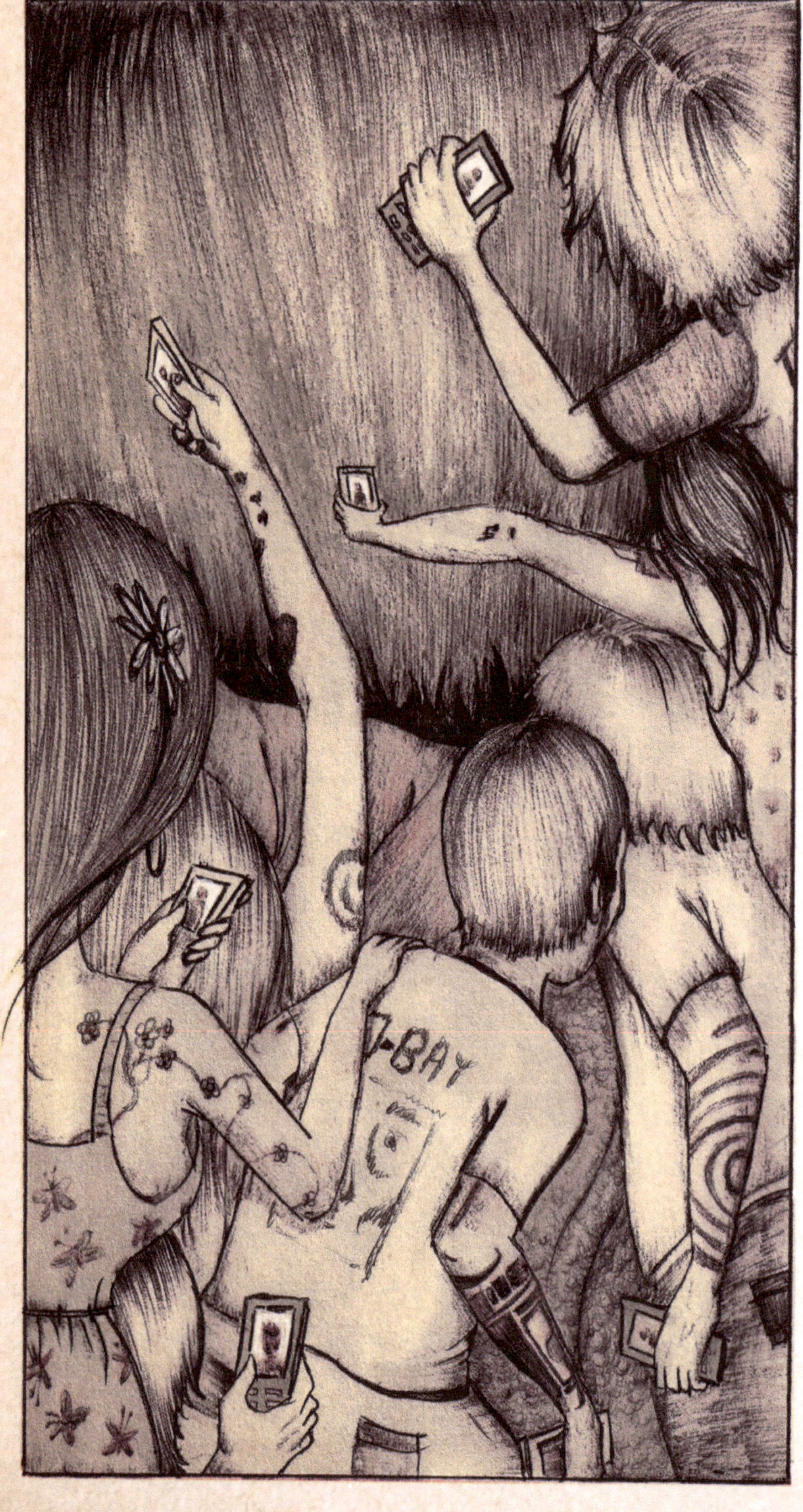
BAY

Mundo bellO

Mirando adelante hacia la lluvia del cielo,
Siluetas oscuras y azul construyen caos,
Revélan retrato quebrantandose.

Esculturas antiguas moviendose con facilidad,
Cuestas resbalosas sin tensión para romperse,
Ojos fijos en las repercusiones de paredes sucias,
Creamos estos momentos para olvidar.
Comemos sicodélicos para el desayuno,
Vasos medios llenos, reflejos consuelo, sueños dulces,
Por disfraz sano, encapuchados,
Errores entregados en cada esquina,
Verdadera sensibilidad de nuestro siglo,
Carteritas envueltas alrededor de grandes cinturas,
Mariposas esperando explotar.

Tenemos miedo al contacto humano,
Podemos ser amigos por el Internet.

Conocer a Dios,
Ser Maravillosos,
Olvidar el Mundo,
Ser tú mundo más lleno.

z
Z
Z
Z
Z

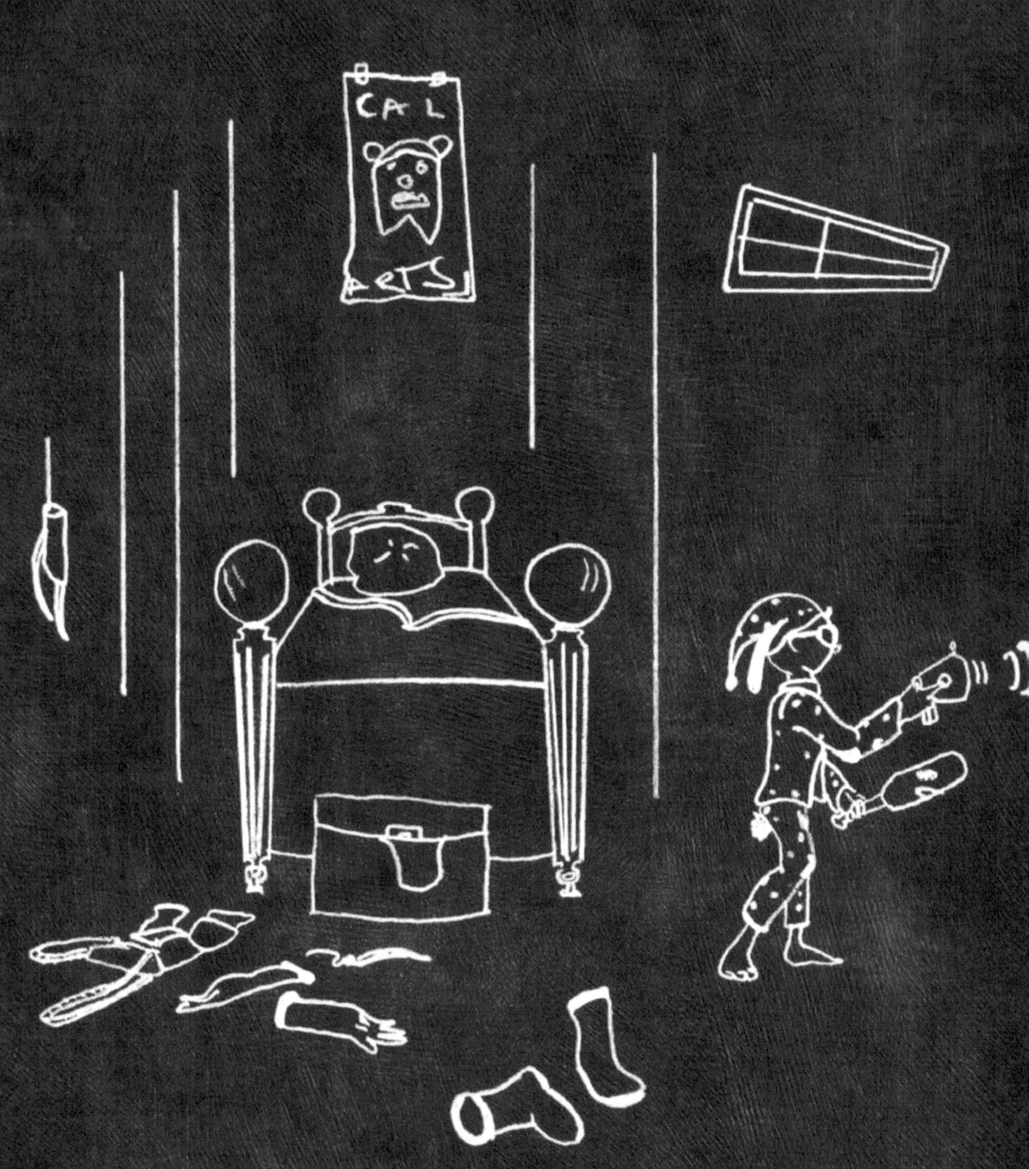
CAL
ARTS

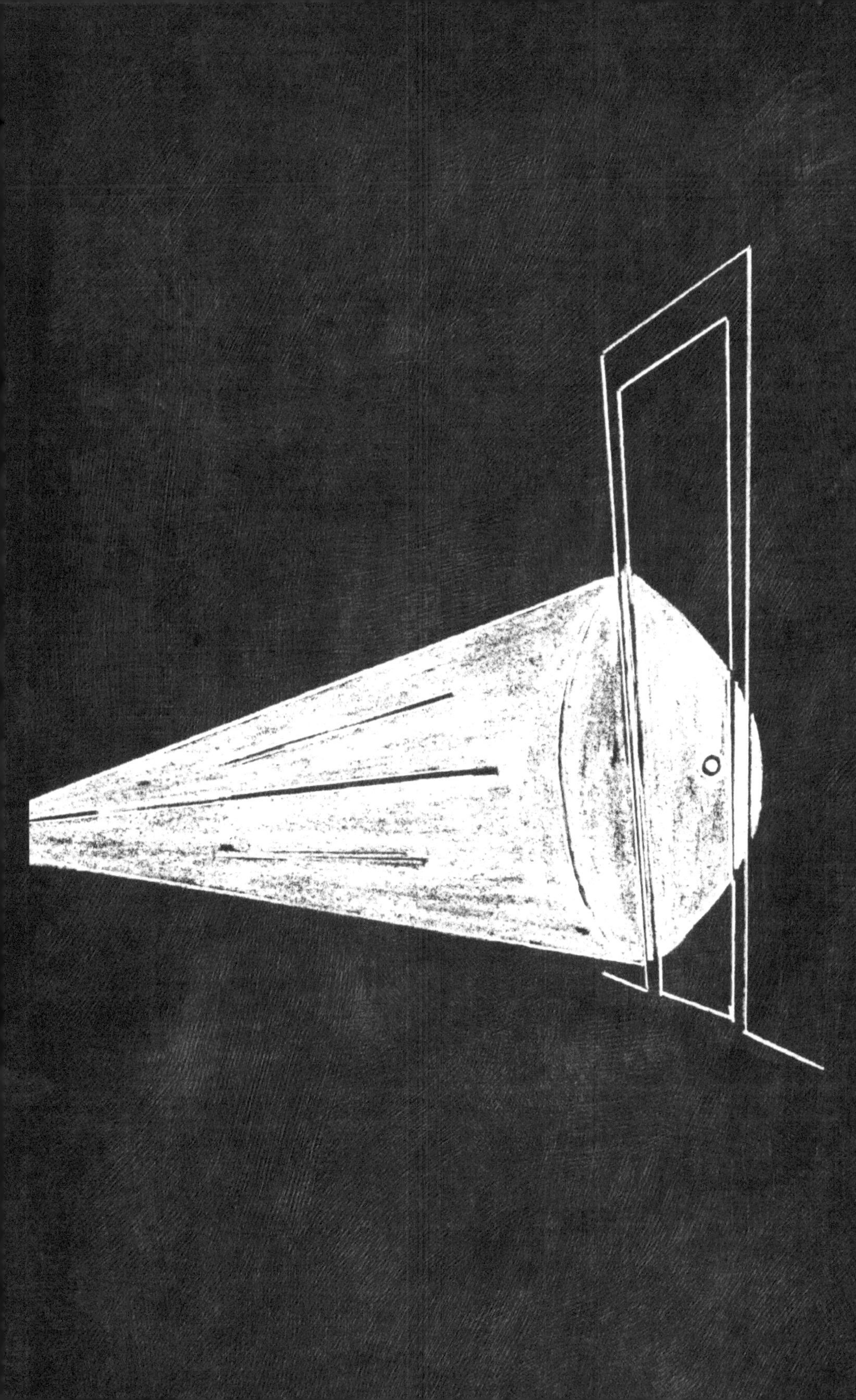

Digress Three

Mister Boogie Man

When I was 3 years old, I packed my bags
and was ready to leave with Mr. Boogie
This is how it turned out :

Mr. Boogie:
"Hello Jaaaaaaaaaaaseeerr…
In time, things will pass,
Nothing is forever,
The tune is new, but the instrument old."

Staring face to face.

Jasser:
"Okay. Can we leave now?"

Mr. Boogie:
"I can kill you tonight,
But I will let you die a normal death,
Good night."

Jasser sighs:
"Awwweee."
The Boogieman goes back in the closet.

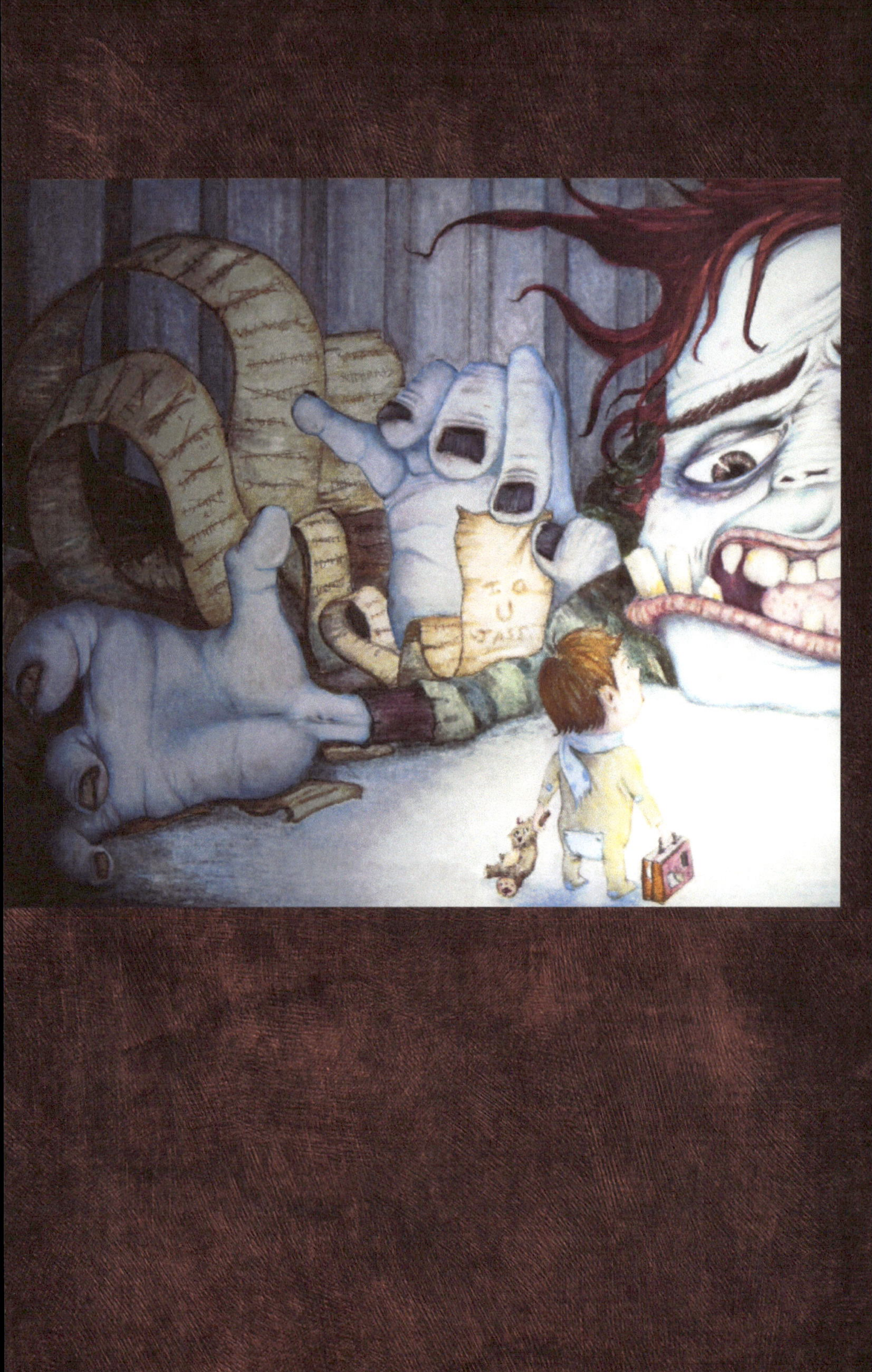
IO
U

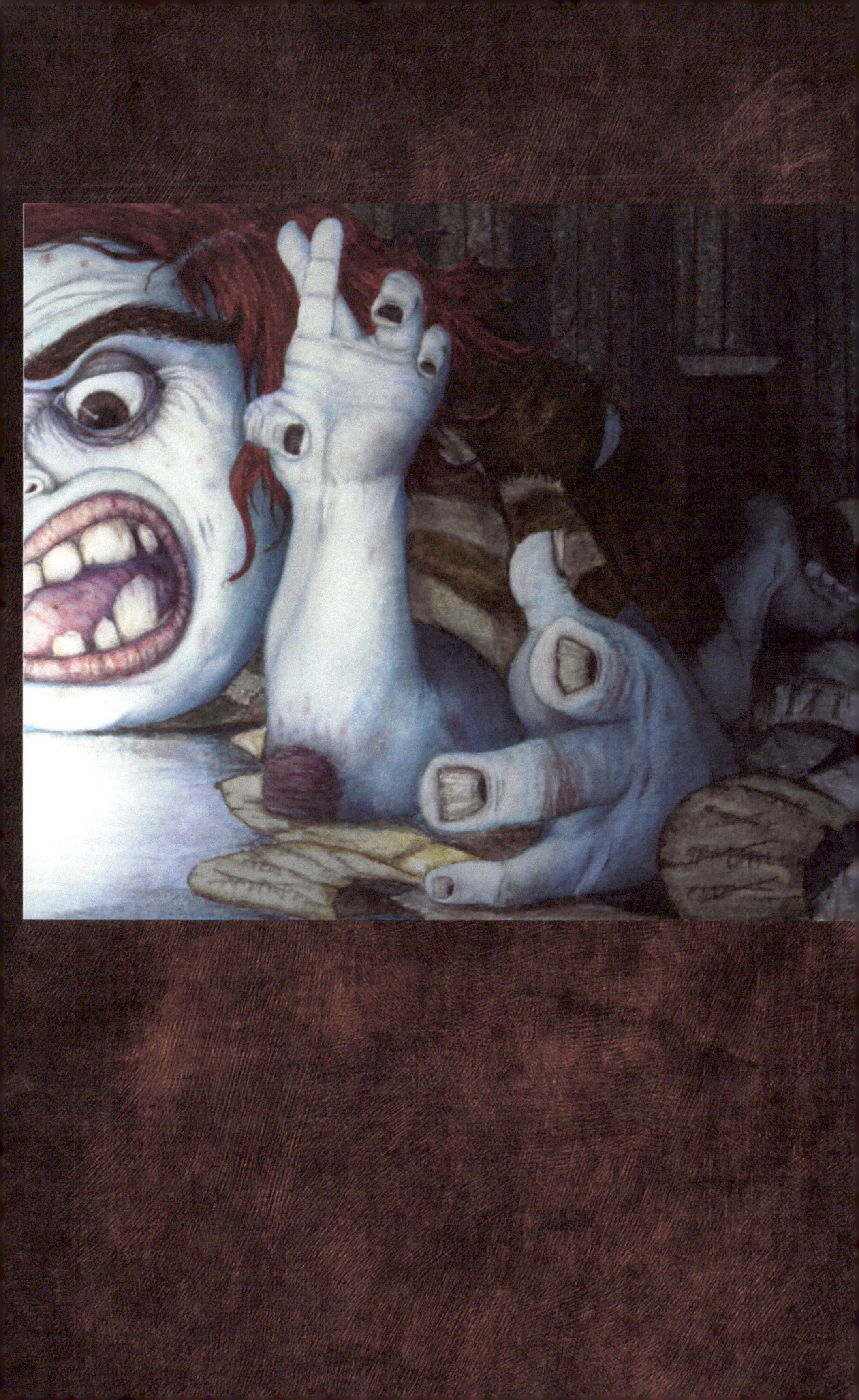

Don Cucuí Hombre

Cuando yo tenía 3 años me hice las maletas y estaba ya
dispuesto a salir con Don Cucuí
Asi es como resulto:

Don Cucuy:
"Hola Jaaaaaaaaaaaseeerr…
Con el tiempo cosas pasarán,
Nada es eterno,
" La melodía es nueva pero el instrumento viejo."

Mirando fijamente, cara a cara,

Jasser:
"Bien, podemos irnos ya?"

Don Cucuy:
"Te puedo matar esta noche,
Pero te dejáre que mueras una muerte normal,
Buenas noches."

Jasser suspira:
"Aaayyy."

Don Cucuy regresa al ropero.

Digresión Tres

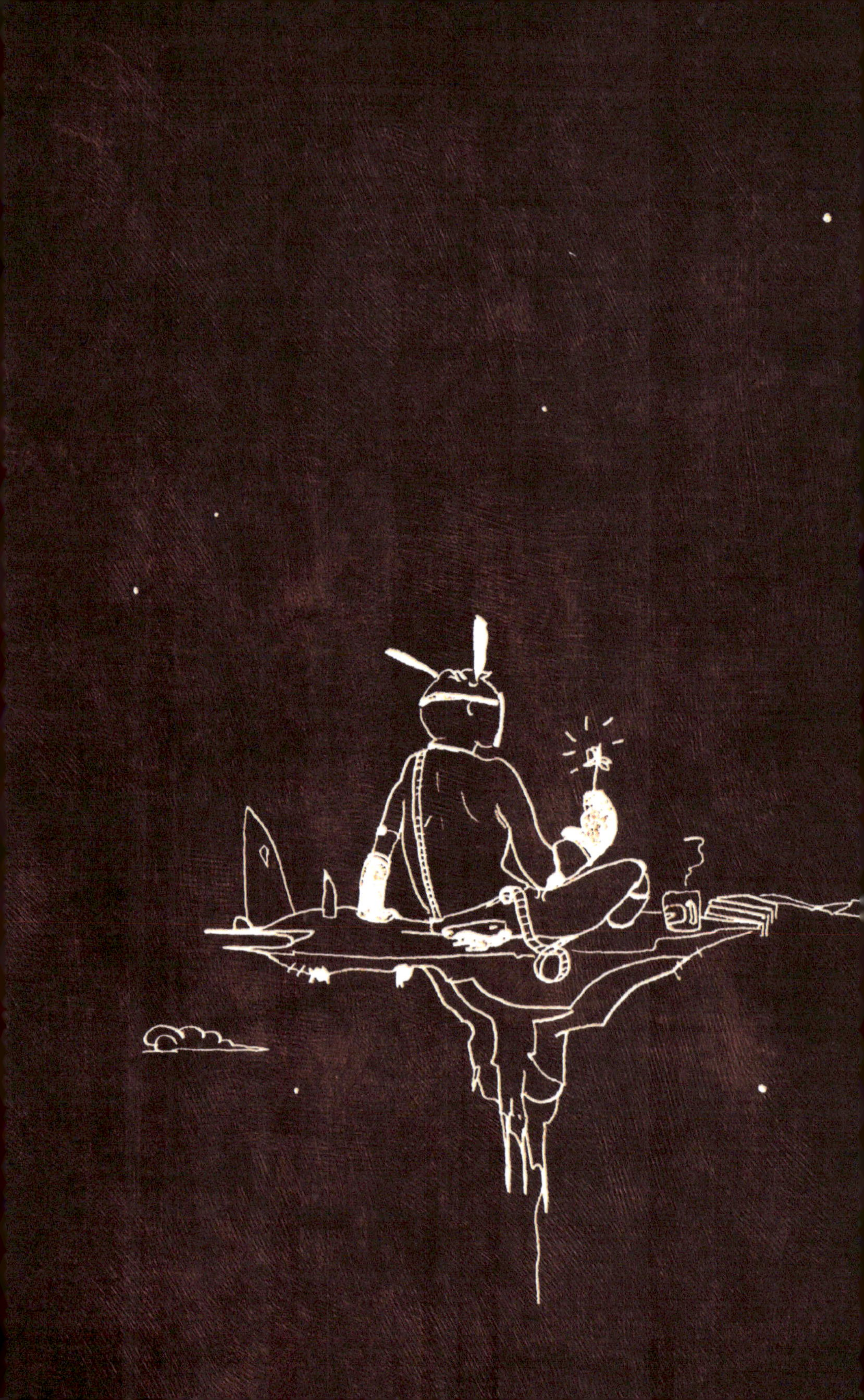

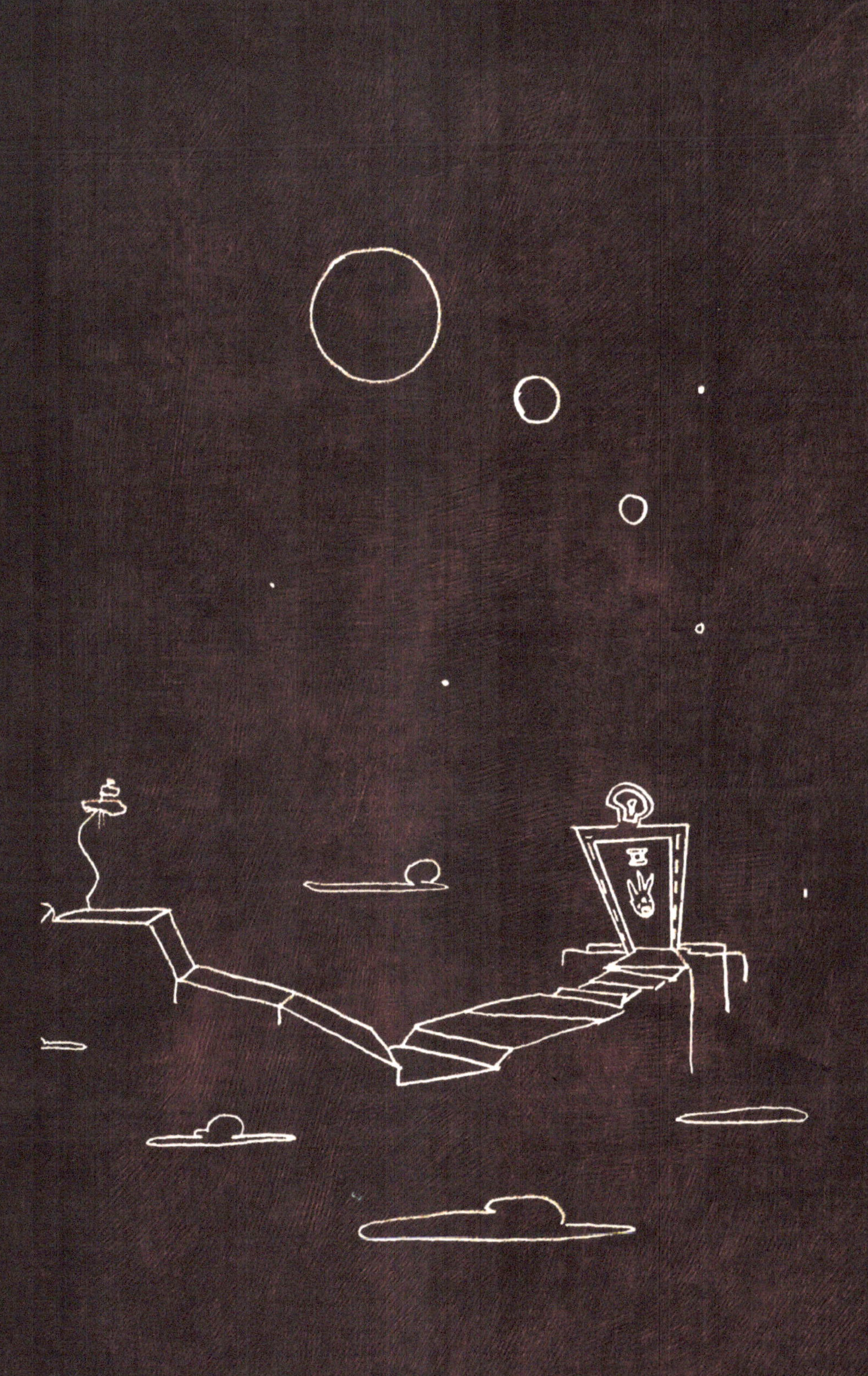

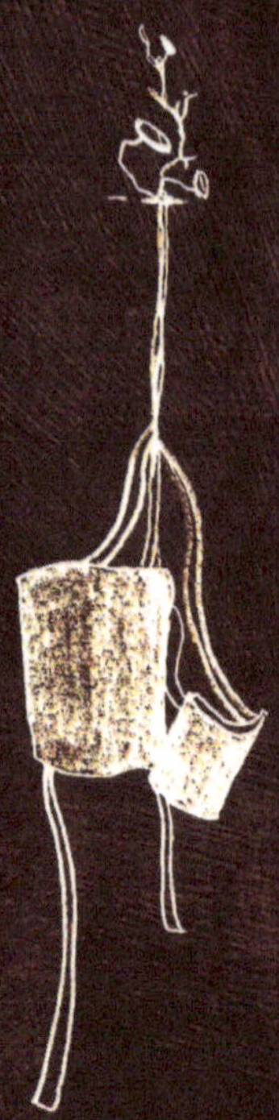

the end

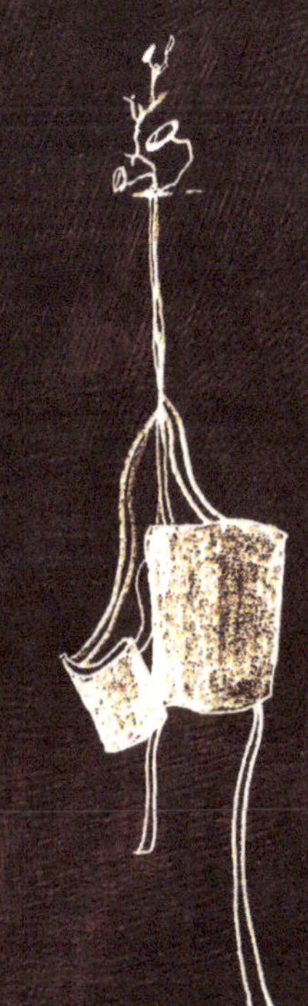

el fin

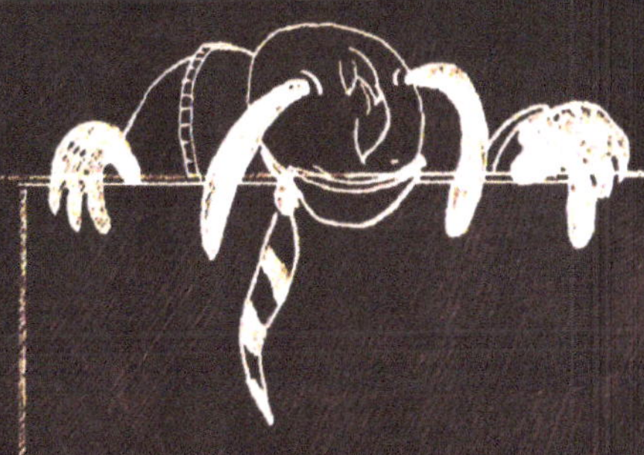

thoughts/pensamientoS V.1

created by - creado por

JASSER J MEMBRENO

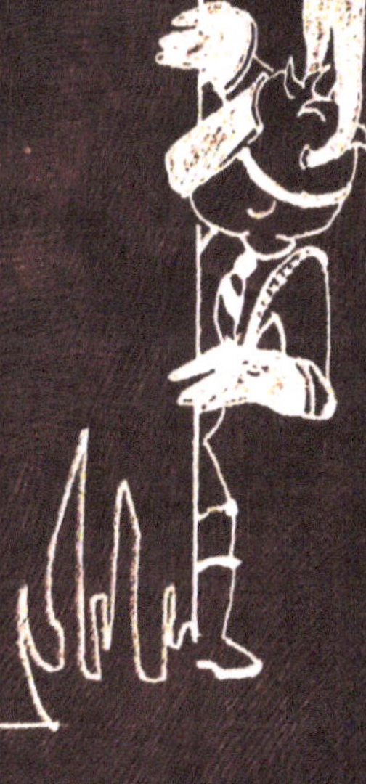

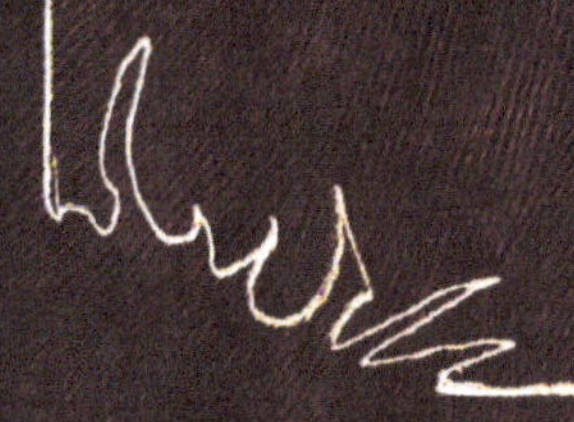

translation/traducción

Gloria Alvarez Hernandez
Jasser Membreno

introduction/introducción

Maria Elena Fernandez

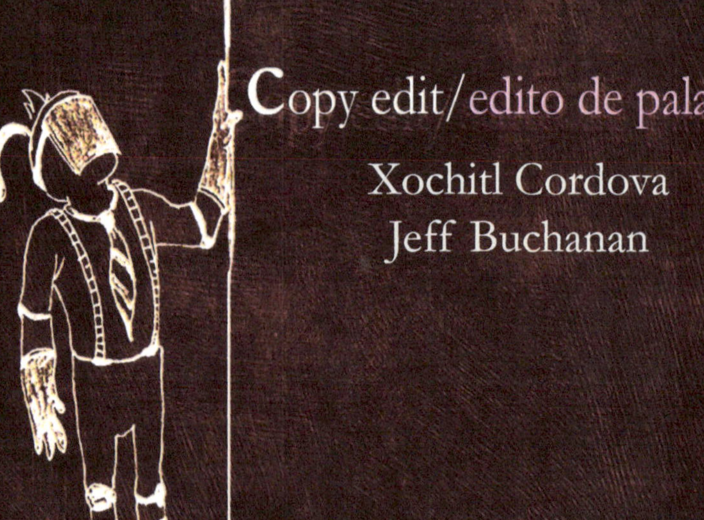

copy edit/edito de palabra

Xochitl Cordova
Jeff Buchanan

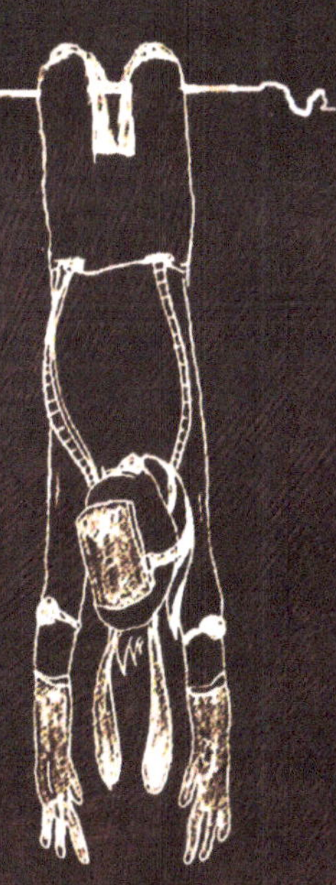

additional graphic design/graphico deseño adicional

Cameron Charles

photographer/fotógrafO

Stephen Unger

Support/apollO

Will Kim, Xochitl Cordova Andres Salaf, Andrea Villafane, Jaime Howard, Lesley Crespo,
Keira Membreno, Rachel Weir,
Betty Lee, Alain Membreno, Janesy Membreno,
Carolyn Barahona,
Rosa and Gary Ethrich, David Gallardo, Olga Cordova, Karla Reyes, William Landeros, Cinthia Garcia, Leticia Austin, Jin kyu Ahn, Dan Doll, Caroline Foley,
Lanette Alarcon, Eric Enriquez, Carly White, Travis Winn, Tomas Marroquin, Maria Cedillo, Luiz Ricardo.

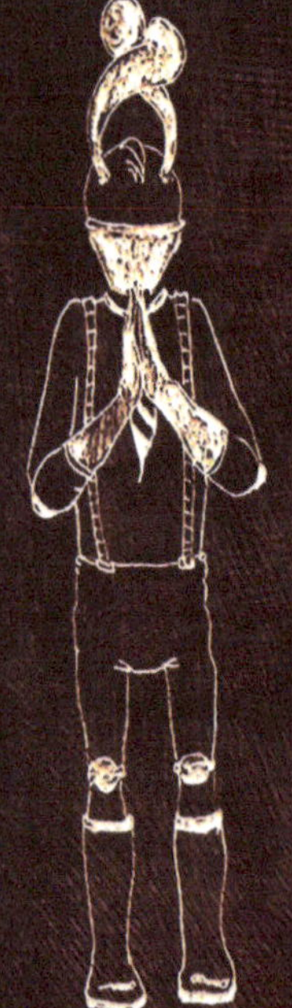
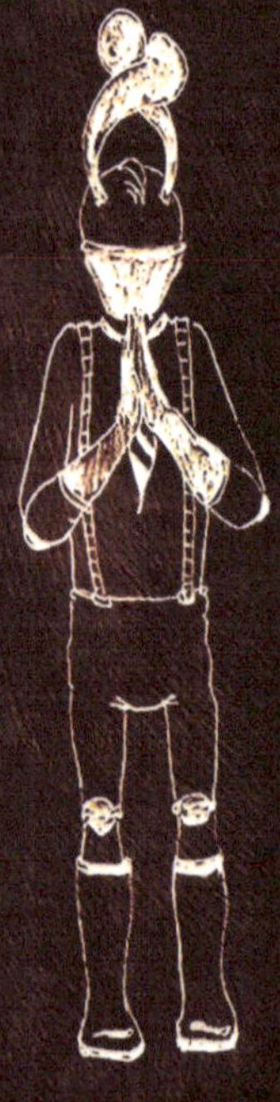

Special thanks /gracias especial

Mom/Dad / Mama/Papa
Family/Friends / Familia/Amigos

Mentors / Maestros
Leo F. Hobaica Jr.
Amy Danger

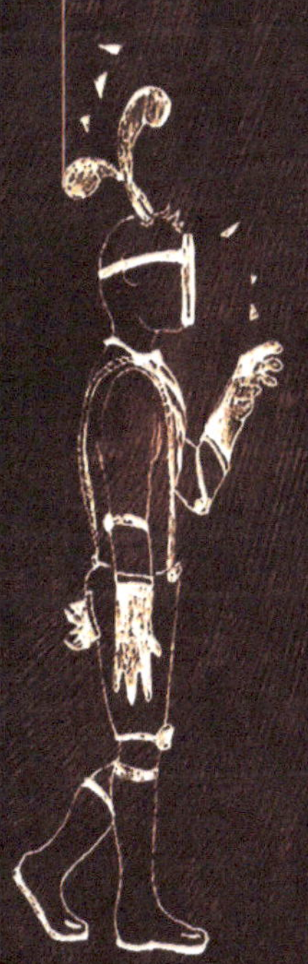

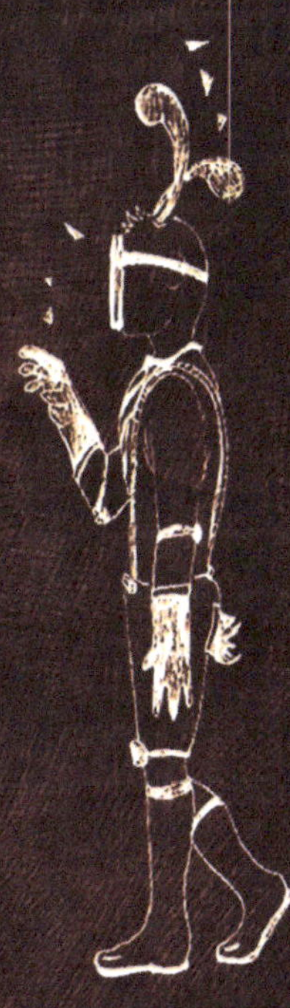

dedicated/dedicadO

to/a

Alejandra Peña

12/1980 - 08/2006

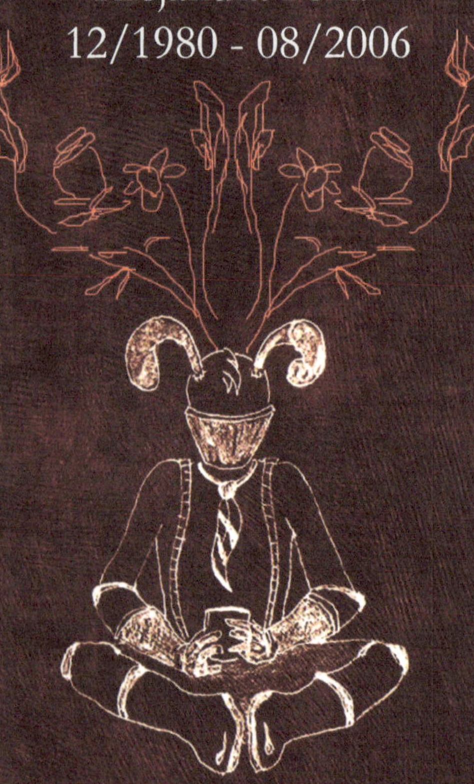

thoughts/pensamientoS V.1 © 2015

ABOUT THE AUTHOR

With so many digital tools available now, there are alot of people who call themselves artists. But the simple reality is: true artistic skill has only ever been given to a select few;

Jasser Membreno is one of them.

With an incredible facility for drawing and painting; he creates a moment; in world of his own devising. His work is figurative and fantastically; the landscapes, buildings and objects live simultaneously in the past present and future, of a world full of decay, mystery and invention. Within that scene, you will often find a figure; vaguely human, certainly emotional. His boundless imagination makes it inevitable that one medium can't contain his prolific output, and takes him across many borders: his drawing and paintings extend their narrative qualities into actual prose and poems he writes, into writing and animating his own films and his sculpture works extend his vocabulary into the real world. The one-man and group shows of his work have made him a sought-out talent for commissions and cross-overs into the entertainment industry.

Since graduating from Cal Arts with a degree in Animation, and co-creating a company, CineNovel, he has worked professionally across many platforms, including feature films, music videos, commercials, video games, animated and live action shorts, developing apps and graphic design work.

SOBRE EL AUTOR

Con tantas herramientas digitales disponibles ahora, hay un montón de personas que se llaman a sí mismos artistas. Pero la simple realidad es: la verdadera habilidad artística siempre solamente ha sido dada a unos pocos;

Jasser Membreno es uno de ellos.

Con una facilidad increíble para el dibujo y la pintura; crea un momento; en la concepción de su propio mundo. Su obra es figurativa y fantásticamente; los paisajes, edificios y objetos viven simultáneamente en el pasado presente y futuro, de un mundo lleno de decadencia, misterio e invención. Dentro de esa escena, usted encontrará a menudo una figura; vagamente humana, ciertamente emocional. Su imaginación sin límites hace que sea inevitable que un medio no pueda contener su prolífica producción, y lo lleva a través de muchas fronteras: su dibujo y pintura extienden sus cualidades narrativas en prosa actual y poemas que escribe, a escribir y animar sus propias películas y sus obras de escultura amplían su vocabulario en el mundo real. Los espectáculos unipersonales y de grupo de su trabajo lo han hecho un talento codiciado por comisiones y cruces en la industria del entretenimiento.

Desde que se graduó de Cal Arts con una licenciatura en animación, y la co-creación de una empresa, CineNovel, ha trabajado profesionalmente en muchas plataformas, incluyendo películas, música videos, comerciales, videojuegos, animación y cortos de acción en vivo, desarrollando aplicaciones y trabajos de diseño gráfico.

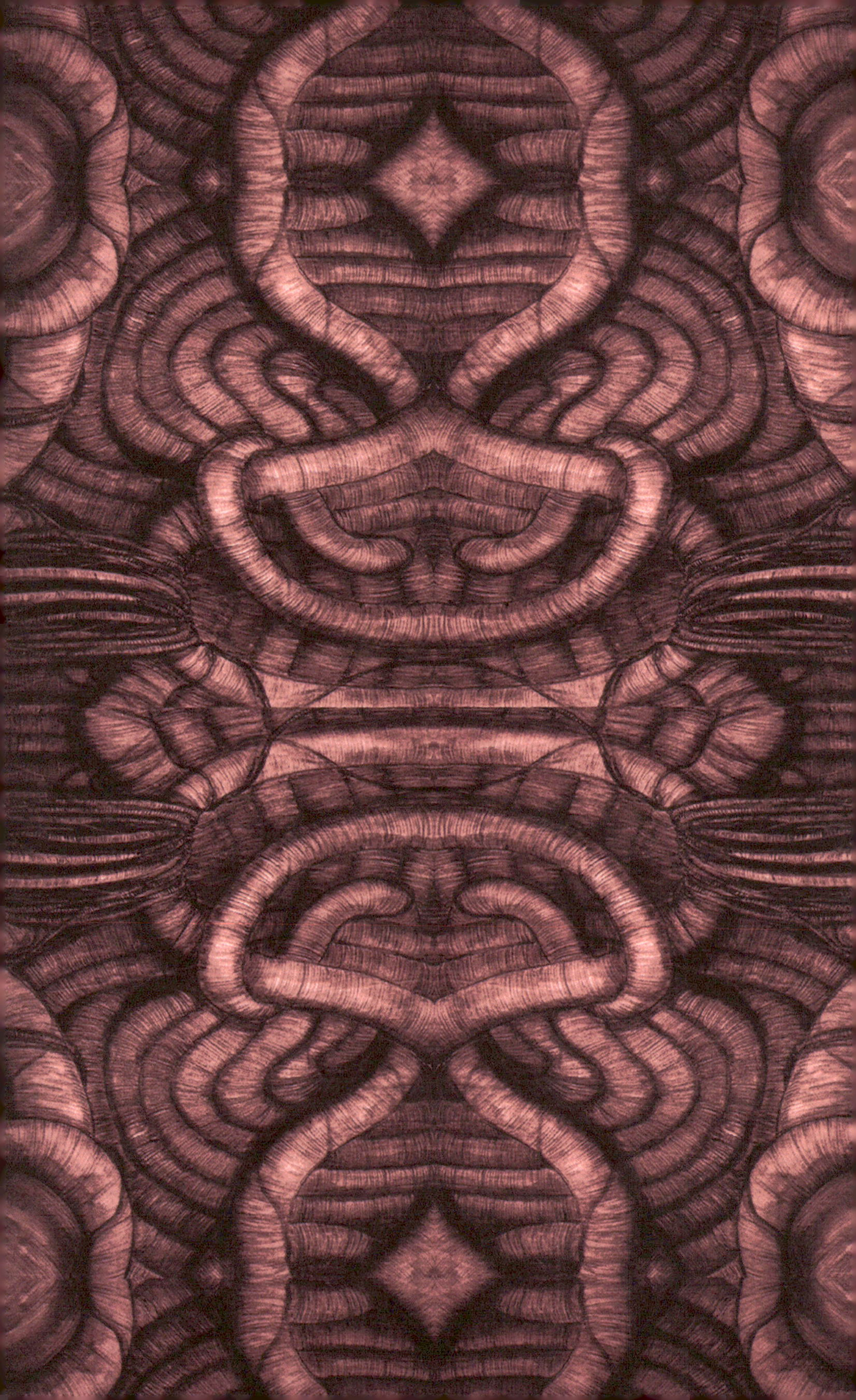

www.ingramcontent.com/pod-product-compliance
Lightning Source LLC
LaVergne TN
LVHW052306100826
845147LV00006B/685

* 9 7 8 0 9 9 6 9 2 7 9 2 5 *